Friederike Kempner

# DICHTERLEBEN, HIMMELSGABE

## Sämtliche Gedichte

Herausgegeben von Nick Barkow
und Peter Hacks

Eulenspiegel Verlag

—

*Friederike Kempner*
*1836—1904*

# Vorwort zur 9. Auflage

## Die Kempner wäre nicht so komisch, wenn sie nicht so gut wäre

### § 1

Komisch ist, worüber man lacht; die älteste Erklärung des Komischen ist natürlich schon gleich die richtige. Aristoteles hat sie gegeben; sie ging unter den schlampigen Umständen des Altertums verloren; irgendeiner hat sie nacherzählt, und eine Nacherzählung dieser Nacherzählung ist im frühen Mittelalter in der Stadt Paris aufgefunden worden. »Dadurch, daß sie Lachen erregt«, steht dort, »bewirkt die Komödie die Ausräumung der Ängste.« Der Satz ist so wahr, daß seine Echtheit keinen Zweifel leidet.

Wir alle tragen die Sorge mit uns herum, unsere Lage könnte sich verschlechtern. Wir haben nicht dauernd acht auf diese Sorge, aber sie nagt in uns und beschädigt unser Befinden. Die komische Kunst nun nimmt Verschlechterungen von Lagen spaßeshalber vorweg; sie führt plötzliche Zusammenbrüche einer Ordnung vor oder das Knistern hartnäckiger Mißverhältnisse. Sobald wir die Sache als ungefährlich durchblickt haben, sind wir erleichtert, und dann geben wir jenes dem Husten ähnliche Geräusch von uns, das anzeigt, daß wir uns fähig fühlen, auch die ärgerlichsten Schicksalsfälle zu meistern.

Das Lachen und das Weinen sind künstliche Krämpfe, unter denen der Körper bewegliche Stoffe, Salzwasser oder Luft, und mit denen eben auch heimlichen Kummer aus sich herauspreßt. Es gibt andere Unlustgefühle als das der Furcht. Auch sie platzen im Sog der erlösenden Rucke ab und heraus. Es ist wie eine Art Teufelsaustreibung.

## § 2

Während wir uns in der Tragödie ausweinen können, ohne das mindeste von der Welt begriffen zu haben, ist bei der komischen Erleichterung immer etwas Verstand dabei. Das Wort Witz bezeichnet sowohl das Kunstgebilde, über das, als auch die Geistesgabe, vermöge deren wir lachen. Wir finden heraus, daß der Schlag, den uns das Komische vor die Stirn haut, nicht stark genug ist, um uns zu Boden zu strecken. Insofern ist ein Scherz nichts anderes als Leid in homöopathischen Dosen. Gediegene Komik aber entsteht, wenn unsere Erleichterung verbunden ist mit einem Zuwachs der Mittel, die wir gegen die Welt haben, des erkennenden Drüberseins also und des Vermögens, das Unwichtige und das Wichtige auseinanderzuhalten. Gediegene Komik ist mehr als bloß der psychologische Trick, wie das Gemüt zu entsorgen. Sie stellt eine inhaltliche Aufgabe, und unser Lachen verrät unsere Befriedigung darüber, daß wir pfiffig genug waren, sie zu lösen. Wir sind oder glauben uns überlegen, wenn wir lachen; Eitelkeit ist im Spiel.

Selbstverständlich reizt Friederike Kempner zum Lachen, weil ihre Gedichte schlecht sind. Aber erzeugt etwa jedes schlechte Gedicht einen Lachreiz? Ich kann ganze Bände von Bobrowski lesen, ohne daß mir auch nur einmal einfiele, die Lippe zu kräuseln. Nur einfach unfähig sein, wahrhaftig, das genügt nicht. Schlechte Gedichte müssen schon außerordentlich gut sein, um so außerordentlich komisch zu sein.

## § 3

Zwei Eigenschaften drängen Kempner ins komische Fach: ihre Ernsthaftigkeit und ihre Entschiedenheit. Wenn die komische Gattung von der möglichen Zerstörbarkeit der Welt handelt, muß die Welt der Komödie, damit Erleichterung eintritt, zunächst als eine heile und stimmige gesetzt sein. Eine schon zerstörte Welt macht weder Tragik noch Komik; soweit ich mich darauf verstehe, macht sie überhaupt keine Kunst. Die Kunstwerke wollen, daß wir uns zu ihnen als zu einer Wirklichkeit verhalten, dabei sind sie doch, anders als die wirkliche Wirklichkeit, nicht vorhanden, sondern nur ausgedacht. Das mindeste, das wir von ihnen verlangen können, ist, daß sie ihre Nachricht behaupten.

Es gilt für die Besonderheit der lyrischen Dichtart, daß sie einen unbestimmbaren Gegenstand (den aufgeregten Seelengrund des Verfassers) auf unbestimmte Weise (durch Klang und sprachliche Gebärde) ahnen oder erraten lasse. Aber es gibt sehr wohl Dichter, ich meine, es sind nicht die kleineren, die beherzt ihr Zeug anpacken und geradeheraus sagen, was sie wissen. Kempner gehört zu diesen ehrlichen Leuten, die nie aus Martin Opitz' Schule gelaufen sind. Sie hatte kein Summen im Ohr, zu dem sich der Gedanke einstellte; sie hatte den Gedanken und besorgte sich zu dem das Summen. In ihren Poesien findet sich kein Gewäsch (oder wie man heute sagt: Redundanz). Also: kein Gewäsch.

Wer nichts behauptet, braucht vor keiner Gegenbehauptung zu bangen. Er beansprucht kein Recht, er gerät in kein Unrecht; irrt er, steht er kümmerlich da, nie lächerlich. Behaupten, das heißt, seinen Kopf durchsetzen. Kempners Schädel nähert sich den Pforten unseres Bewußtseins in der Art eines Rammbocks. Es ist fast undurchführbar, ihr nicht zu glauben. Wer sich mit ihr als Lacher messen will, hat einen mannhaften Verstand und einen mannhaften Willen zu besiegen. — Was behauptet Friederike Kempner?

Motto: *Die Schlange*

Sie stürzt mit furchtbarer Stimme
Auf ihren Raub sich los,
Vertilgt in einem Grimme
Den Reiter und sein Roß.

## § 4

Unbehandelt in Kempners Werk sind: die Natur, die Liebe, Moses, Bismarck, Kaiser Wilhelm II. Diese Feststellung wird uns in allen ihren Teilen noch sehr merkwürdig werden.

Von der Landschaft etwa ihrer Heimat oder auch nur ihres Gartens weiß sie so gut wie nichts. Am Kraut Immergrün (55) gefällt ihr, daß es Rousseau gefiel, und seine Blätter hält sie für smaragdfarben. Nun ist eine gewisse Grün-Blau-Blindheit bei Frauen nicht ungewöhnlich, aber ich habe noch keine getroffen, die smaragdblind gewesen wäre. Kempner will so genau gar nicht verstanden sein. Bei ihr sind alle Blätter smaragden, es ist ihr ganz gleich.

Auch die Freuden des Fleisches sind ihre Sache nicht. Sie war eine alte Jungfer; der Ton, leider, liegt nicht nur auf dem »alt«. Sie versichert, daß sie mit all der Brunst und Sünde nichts zu schaffen habe, und wir nehmens ihr ab; denn erotische Gedichte kommen nicht einmal als Rollengedichte vor. Die einzige Liebe ihres Lebens galt ihrer Mutter. Die vielen Liebesgedichte ans »Mutterlieb« machen den schwachen Teil ihres Œuvres: die sind bloß empfunden, nicht gearbeitet. Selbst den Hang zu sonstigen vertraulichen Beziehungen scheint sie ziemlich ersatzweise befriedigt zu haben. Ihre Freunde sind die Tiere, jedenfalls die guten unter denen: Nero, der treue Hund, und der geistig geartete Papagei Kobusch.

Auch ihre Feinde sind die Tiere, jedenfalls die schlechten. Und es läßt sich kaum übersehen, daß die volle Häufung ihres Widerwillens sich gegen eine bestimmte Ordnung des Tierreiches richtet: das abscheuliche Geschlecht der Schlangen. Mir ist klar, daß die Tiefen-Rezensenten — jene Schnüffelnasen, die bei jedem unbedachten Dichterwort unanständige Nebenbedeutungen suchen und, was keine Kunst ist, auch finden — jetzt schnell heraushätten, woran sie bei ihr sind. Ich sehe hierin nicht mehr als eine Vermutung und lese lieber die Texte. Was treibt so eine Schlange denn so alles?

»Auf Europa's grünen Matten« (50) »Geht die Schlange ihren Weg«, ein »Ungeheuer« nämlich, »das sonst schlief«. Aber nun? »Verfolgt mich schon so lange«. Und nun? Sie »sticht vom Gebüsch« und »tretet nie vors Angesicht«, vielmehr: »vergiftet aus dem Versteck« (152). Und da nun freilich hebt ein Brennen und Jucken an:

>»Von Schlang' und Nesseln ein Gewühl! —
> Welch unnatürliches Gefühl!« (179)

Ich räume also ein, daß es jenem Geschöpf der Unterwelt doch wohl gelungen sei, sich tiefer, als wünschenswert wäre, ins Gemütsleben der Verfasserin hineinzuwinden. Aber wir haben noch die höllischste der Kempnerschen Schlangen zu betrachten, die aus der Ballade vom »Tierbändiger« (194 ff.).

Die Schlange tritt eindrucksvoll auf: als »die prächtige Riesin«, »die riesige List«, »herrlich geschmückt« sowohl »mit Kraft« als auch mit »Schönheit«. Sie blickt »drohend und schlau« und »glühend« und »raubgierig spähend« und — denn man weiß, schon ihr Blick tötet (224) — »unheilvoll«, und: »Man sah, wie am Kopfe das Blut ihr schwoll«, und, allerhöchst erstaunlich: »Die männliche Jungfrau, sie lächelt dabei.« Das Lächeln wird ihr bald vergehen. Denn wie die Schlange »zischend mit Begier« nach Johannas Lämmchen hascht, da endlich »zittert das Mädchen, das Antlitz entstellt«. Wahrhaftig, sie hätte besser getan, zeitiger zu zittern.

Das Gedicht eilt dem berühmten Klimax — wieso kommt mir das Wort »Klimax« ein? — entgegen: »Johanna ist tot, doch sie ist ganz.« — Ganz? Und doch tot? Unverkürzt, und doch verloren? Kein Streit mehr, es ist eine Deflorationsphantasie. — »Nur um den Hals, da ist es wie wund.« — Um wessen Hals? Johannas? oder den der Schlange? Wie auch immer:

> »Die grausame Schlange nahm langsam sich Zeit,
> Fast schien es, als tät's um die Jungfrau ihr leid.«

Nun gut. Wir geben zu, was wir nicht leugnen können. Aber wir sagens, immerhin, mit Kempner:

> »Leidenschaften wilde Glut
> Unbewußt verheeret« (211).

Motto: *Der Tintenklecks*

Die Tinte macht uns wohl gelehrt,
Doch ärgert sie, wo sie nicht hingehört.

## § 5

Eigentlich beheimatet fühlt sich Kempner bei denjenigen Gegenständen, über die der absolute Geist auch nachdenkt. Hier ist sie bei sich, hier hat sie ihr Behagen. Ihr Gesprächsstoff sind Kunst, Moralität, Philosophie, das ist wie bei Schiller. Schillersch ist ihre Ästhetik; der Dichter, weiß sie, spielt zwar nur, aber: »wertvoll ist sein Spiel!« (106). Das kann man schwer kürzer sagen. Kurz sein — das ist ihre Gabe, ihr Stil und ihre Unsterblichkeit.

Eine Sentenz ist ein Satz von umfassendem Inhalt, dem keiner widerspricht. Dieses Ziel ist natürlich nicht mit Wahrheit allein zu erreichen. Es geht nur von oben herab. Die Sentenz ist die erhabene Verbindung von Wahrheit und Amtsgewalt, die Art, wie Könige sich ausdrücken.

Kempner bringt ganze Lehrgebäude auf den Punkt. Kants Ethik: »Bewußtsein heißt das inn're Glück« (165). Hegels Dialektik: »Es kämpft ein jeglich, jeglich Wesen: Ob es, und ob es nicht gewollt!« (129). Schopenhauer:

> »Traurig ist das Herz,
> In der unbewußten Weise,
> Doch verwandt dem Schmerz.« (110)

Sie hat sogar die Formel für Philosophen nach ihr. In dem Vers »Das Leben träumt, der Traum er lebt!« (121) befindet sich die gesamte Blochsche Weisheit. Ich kenne Ernst Bloch ganz gut, und ich entsinne mich nicht, daß er jemals etwas vorgebracht hätte, das über diese Sentenz hinausgegangen wäre.

Motto: *Napoleon*

> Die Welt hat nichts mit Großem mehr zu schaffen;
> Denn ringt sich auch einmal ein Löwe los,
> Er wird zum Tiger unter so viel Affen.

# § 6

Alle Philosophie, die auf sich hält, ist Geschichtsphilosophie. Es gibt ein einfaches Verfahren, das Geschichtsbild der Kempner auszumitteln; es genügt, die Personen herzuzählen, die sie erwähnt. Sie sagt uns, mit wem sie umgeht und wer sie ist.

Dies die — örtliche Größen und Angehörige ausgenommen — vollständige Liste ihrer Helden. In der Reihenfolge ihres Auftretens:

Abdel Kader. Rousseau. Rhoswita. Poniatowsky. Börne. — Börne, erzählt sie, steht seit tausend Jahren »auf einem Hügel von Stein« am linken Rheinufer und blickt, sich sehnend, nach »dem deutschen Grund« herüber (79). Auf die Besonderheiten Kempnerscher Metaphorik komme ich noch zu reden. — Fortsetzung der Liste:

Kaiser Wilhelm I. Kaiser Friedrich III. Goethe. Schiller. Heinrich Heine. Ferdinand Freiligrath. Lord Byron. Elisabeth. — In die letztgenannte Königin von Preußen konnte die Dichterin sich einfühlen (202). Sie war ebenfalls mildtätig und ebenfalls jungfräulich: die Gemahlin Friedrich Wilhelms IV nämlich. — Abschluß der Liste:

Richard. Toussaint. Carnot. Napoleon III. Der Zar. — Richard ist Wagner. Der Zar ist der junge Nikolaus II: das Gedicht ist von 1903; spätestens ein Jahr drauf wäre sie auf den nicht mehr hereingefallen. Von dieser einzigen Panne abgesehen, ist das jeden braven Mannes Ruhmestafel auch. Man muß schon ein arger linker Muffel sein, um noch mehr rote Farben von ihr zu verlangen. Andere Lyriker verkehren da in ganz anderer Gesellschaft.

Herrmann Mostar freilich, Veranstalter einer volkstümlichen Digest-Kempner, deutet diesen Kempnerschen Salon als eine Bierrunde des Freisinns. Er spricht von einer »bürgerlich gebotenen Einstellung«, von jenem Spießer- und Beliebigkeitsliberalismus, zu dem, daß man »konservativ und königstreu« sei, kläglicherweise gehöre, und er beweist seinen Vorwurf mit dem Verspaar:

»Es war ein Hohenzollernwort,
Und Kaiser Friedrich freut sich dort!«

Hierin, wie in so manchem, irrt Herr Mostar. Im übrigen meint er es nicht bös und ahnt mitunter Kluges; er verstümmelt mit so reinem Gewissen, wie Herausgeber und Chirurgen pflegen, und um des Verdienstes willen, Kempner unter die Leute gebracht zu haben, soll ihm vergeben sein. Aber den Freisinn lasse ich nicht auf ihr sitzen.

Mit der Frage »Staunest ob der Alpenhöhe?« beginnt das erste von drei »Dem Kaiser Wilhelm I« (102) gewidmeten Gedichten. Die Antwort lautet: Nein! Ob der Alpenhöhe staunt Kempner gar nicht, so wenig als Hegel hatte. »Wahre Größe« vielmehr »wohnt im Geist«, in einer Eigenschaft also, für die jener Wilhelm kaum bekannt war. »Nach Sedan« (134) beginnt das zweite mit der Frage »Ist das des Jahrhunderts schöne Erde: Ströme Bluts und Berge voller Leichen?« Die Antwort: Nein! Vielmehr endet das Sedan-Gedicht mit der Anmahnung eines Verständigungsfriedens. Wenn das Lob ist — so möchte ich nicht gelobt sein.

Das dritte ist das mit dem Hohenzollernwort. Es huldigt Wilhelm I nur mittelbar; es ist gewissermaßen ein Drei-Kaiser-Gedicht. Es heißt und entstand »Nach dem Gesetz über die Pensionierung der Arbeiter« (208), dem berühmten Erlaß, der von Wilhelm I vorgelegt, freilich vom Freisinn (der Deutschen Fortschrittspartei) zu Fall gebracht worden war. Aber auch dem frischgekrönten Wilhelm II, unter dem »der Staatssozialismus« endlich »sich durchgepaukt« hatte, huldigt es nicht. Es beginnt mit der Frage »Kommt eine bessre Zeit?« Und richtet sie an die einzige Person, die mit der Sache überhaupt nichts zu tun hatte, den toten 99-Tage-Friedrich. Der soll sich, will es, gefreut haben.

Was hatte sich Kempner von ihrem Traumkaiser, Friedrich III, versprochen? Das, was sie von ihrem irdischen Kaiser Napoleon III zu erhalten gewohnt war: »Raum und Luft und Liebe« und »Frieden« und natürlich: »für die Arbeit Säle« (225).

Friederike Kempner vertrat die Meinung, daß die Tugenden aller bestehenden Klassen, die arbeitende einbegriffen, unter der Leitung eines starken Staatsmanns zusammengebündelt werden müßten, damit ihr Jahrhundert den Gesittungsgrad erreichen könne, der als Möglichkeit in ihm steckte. Sie hielt auf Bonaparte, wie Goethe und Hegel und Heine, wie die deutschen Klassiker alle. »Napoleonische Ideen«, fordert sie, »Sollten endlich jetzt geschehen« (225). Sie war eine einsame dicke Frau, aber keineswegs ohne Neigung zum Straßentheater. Und das ist der Ton, auf den, aller Rückschläge und Weltverdrießlichkeiten ungeachtet, ihre Fanfare gestimmt bleibt:

»Napoleonische Ideen
Werden aber doch geschehen«.

Motto: *Trotz Kraft und Mut*

Und mußt du denn, trotz Kraft und Mut,
An jedem Dorn dich ritzen,
So hüt dich nur, mit deinem Blut
Die Rosen zu bespritzen.

## § 7

Kempners politischer Platz ist der Gipfel, ihre Partei nicht grö-
ßer als ein Punkt. »Fest wie eine Memnonsäule«, sagt sie, ver-
weilt sie: »Unter mir den Staub der Welt« (94). Aber der hohe
Ort, das will sie unmißverstanden, ist keiner der Beschaulich-
keit oder der bloßen Betrachtung. »Fest, doch nicht müßig«,
schränkt sie ein. Und sagts nun stichfest:

> »Pflegend nicht wie jener König
> Von Aegypten, feiger Ruh,
> Der ist gar nichts oder wenig,
> Der dem Bösen siehet zu. —«

Man kann ihr nicht anlasten, daß sie dem Bösen zugesehen
hätte, jedenfalls nicht schweigend.

Sie schmäht Preußens Polenpolitik, Österreichs Ungarnpo-
litik, Frankreichs Algerienpolitik, Rußlands Judenpolitik. Sie
rügt die Grausamkeiten des Strafvollzugs und die Fahrlässig-
keit der Richter. Sie wettert gegen den Krieg, die Zurück-
setzung des weiblichen Geschlechts und den idiotischen Drang,
falsche Bedürfnisse zu befriedigen. Sie verurteilt die Eigen-
sucht der Stände, insonders des geldbesitzenden, und sie leidet
tief und pausenlos an der Hungerfrage. Sie war, es spricht für
sie, daß diese Mitteilung sich nötig macht, keine Marxistin. Sie
stand neben Bonapartes Thron. Aber sie stand auf dessen lin-
ker Seite. Ihre Haltung zur Zeit, um es beim Fachnamen zu
nennen, war eine Art religiöser Lassalleanismus.

Nicht, daß Kempner streitsüchtig gewesen wäre; das Ge-
genteil trifft zu; aber gewiß wahr ist, daß sie jeden Streit an-
nahm und keinen ausschlug, den »Der Zustand der Gesell-
schaft« (62) mit ihr anfing. Die Dichter sind immer in der
Verteidigung, wenn sie schelten. Sie führen ihre Kämpfe, weil
sie müssen, und klar ist, daß sie sie alle verlieren.

Motto: *Der Urwald*

Sie standen auf und schauten
Hinaus und hörten zu,
Wie rings der Urwald summte
Im großen Land Peru.

## § 8

Beides, ihr häusliches Los und der Stand der öffentlichen Dinge, gaben Kempner Anlaß zu nicht geringem Ärger. Es ist überflüssig zu fragen, ob es Notwehr oder Einsicht in das Wesen der Kunst war, was sie vermochte, vom Reich der Tatsachen abzusehen und sich dem Reich der Gegenentwürfe zuzuwenden. Kempner benutzt für das nichtseiende Bessere das Wort Utopie, und sie benutzt das Wort Ideal. Sie benutzt diese Wörter als gleichbedeutende, wie unsereiner.

Gegenstand der Utopie ist die Welt, die wäre, gesetzt, die Menschen wären vernünftig oder würden zur Vernunft gebracht. Der Utopist kann jene Welt zu beschreiben versuchen; klüger tut er, wenn er sein Verlangen nach ihr in Bilder faßt. Kempner verfügt über zwei utopische Bilder, von denen sie nie loskommt. Das eine Bild ist Gott, das andere die Kaktusflur.

Unverkennbar, daß Kempner mit Gott keine Person im Sinn trug, oder äußerstenfalls die, der schon Voltaire sein Kirchlein setzte. Sie bezeichnet sich als »Deistin« (153); sie besaß hinreichende philosophische Erziehung, um zu wissen, auf was für einen Gott diese Glaubensschule zielt. Es war ein Gott ohne mitarbeitende Familienmitglieder und ohne leitende Angestellte, also nicht der der Christen, und es war ein Gott, dem das »Gezänke« der »Juden, Muselmänner, Botokuden« herzlich zuwider war. So ein Gott bedeutet entweder nichts oder alles, für Kempner alles: den Inbegriff der Erlösung von so wenig Anstand und so viel Weh. Auf eine Weise gründen sich alle Vorzüge der Kempner in den einen Fehler: sie war zu heil für eine Europäerin. Der Inbegriff freilich hatte an sich, daß er Begriff blieb. Gottes Nachteil für die Dichtkunst ist seine matte Eignung für die Bedürfnisse des Auges und, seien wir ehrlich, des Gemüts. Von ganz anderer Farbenpracht waren da die Tropen.

Kempner verrät uns, daß sie sich in Deutschland wie im

Ausland fühlte (203). Der eigentliche Wohnsitz ihres Herzens war die Ferne. Ich sage es nicht bestimmter, es ist nicht bestimmter gemeint. Amerika, Afrika, jeder Breitengrad war ihr recht, wenn er nur nah dem Äquator sich hinzog, und jeder Längengrad, wenn er nur weit genug von Reichthal lag. Mit großer Genauigkeit wieder schildert Kempner die Flora, mit welcher der Fleck, zu dem es sie zieht, bewachsen ist. Unter allen Umständen stehen dort Palmen. Hohe Palmen. In der Regel mit Kokosnüssen dran.

Diese Palmen nun haben den Eigensinn, daß ihr Schaft unbedingt aus einer moosigen oder begrasten Fläche herausstrotzen will, und sie gedeihen am besten in einem symbiotischen Verhältnis zu roten Rosen.

>Es regt sich das Blättlein im Moose,
　Im Schatten der Palme dort riesengroß,
　Dort wächst eine purpurne Rose:
　O Blättlein mein, so frisch und so klein,
　O duftiges, purpurnes Röselein!« (75)

Ich lasse den Herrn Etym-Schürfer vor der Tür stehn und halte mich an das, was Kempner auszudrücken *beabsichtigt*.

Schließlich gehört das Biotop nicht ihr allein. Es sind die Jahrzehnte des Exotismus, in denen sie wirkt, und jeder kennt jene kleinen Ölgemälde oder balladesken Strophen in ihren himmelblauen, apfelsinenfarbenen und gelben Tinten. Worauf es Kempner ankommt, ist, daß der »heiße Süd« nicht der »kalte Nord« (90), der Kaktus kein Chausseebaum und Kolibri und Papagei keine preußische Behörde sind. Das allein ist der »Sinn der Ferne« (99). Und manchmal befällt sie die Zuversicht, die Ferne sei gar nicht eine des Raums, bloß eine der Zeit, und die Welt ihrer Sehnsucht möge in erlebbaren Tagen auch hier sich antreffen lassen:

>Das Gute findet doch Gedeih'n,
　Auf einmal seh'n es alle ein.« (141)

So viel von Friederike im Wunderland. Sie hat auch ein Alptraum-Land; ich rede von ihrer berühmtgewordenen idée fixe, dem Scheintod. Ich gliedere »Jenes lebende Begrabenwerden« (221) in den Utopieparagraphen. In der Kunst verwandelt sich oft Minus in Plus. Alles Äußerste entreißt uns doch immer den wirklich unerträglichen Plagen, den kleinen.

Auch der scheintot Beerdigte ist ein Gemeinplatz von damals. Er ist ein Fall von recht schauerlicher Romantik, der zugleich aber mit naturwissenschaftlichen Mitteln sich denken und vielleicht beheben läßt. Der Widerspruch von Schopenhauer und Karl Vogt macht das bißchen geistige Beschäftigung des neunzehnten Jahrhunderts, das wird bis Thomas Mann und Arno Schmidt so fortgehn und wer weiß wie lange noch. Kempner dichtet natürlich nicht ihr Grausen am Schluß des Lebens, sondern ihren Lebensgraus. Man hatte sie wahrlich spüren lassen, wie so ein Scheintoter sich befindet. Das Grab, worin sie steckt, ist ihre Umwelt, und alle ihre Mitmenschen sind die Sargträger und Totengräber. Gottfried Keller macht in seinem Gedichtkranz »Lebendig begraben« die Anwendung des Bildes ausdrücklich, nicht eben zum Vorteil des Bildes. Indem er uns die Auslegung vorschreibt, vertreibt er uns die Lust am Auslegen.

Hinter aller Kunstübung steckt als Antrieb der Drang, Mängel zu überwinden, äußere und eigne. Aus dem großen Schmerzens-Anlauf folgen die großen Sprünge, aus den tiefen Nöten der hohe Ersatz. Herz und Hirn des übrigen Mädchens enthalten besonders viel Grund zum utopischen Wagnis; Kempner steht da in einer Reihe mit den Brontë-Schwestern und der Marlitt. Der Künstler zahlt mit Leiden. Friederike Kempner nachträglich mehr Glück wünschen hieße ihr wünschen, keine Dichterin gewesen zu sein.

## § 9

Ich habe mit einiger Vollständigkeit wiedergegeben, was Kempner behauptet. Es ist nun nötig zu untersuchen, wie Kempner dichtet; erst Form verwandelt eine inhaltliche Behauptung in eine künstlerische Behauptung. Ich kann kurz sein. Kempners Form ist streng und einfach. Von den Strophen benutzt sie die schlichten; ihre Reime sind rein und von der Sorte, die man abgedroschen nennt. Ich habe oben gezeigt, daß sie Herz auf Schmerz zu reimen nicht verschmähte. War Kempner ungeschickt?

Es ist ja immer besser, einen Künstler nach Maßgabe dessen zu bewerten, was er will, nicht dessen, was wir so wollen. Was will Kempner? Sie will: Eingängigkeit — wie alle Dichter um sie. Dieses Kunstziel läßt sich teilweise mit dem Einfluß der Franzosen erklären, die den Krieg der Kanonen nur verloren hatten, um im Geschmackskrieg desto gründlicher zu siegen. Es hat auch damit zu tun, daß die Lyrik jener Zeit die Aufgaben des Schlagers mitzubesorgen hatte. Die Künste waren nicht durchweg Gebrauchskünste, aber sie waren im Gebrauch. Gedichte wurden wirklich gelesen, Zeilen aus ihnen erinnert und ins Gespräch geflochten. Wer für ein Publikum schreibt, schreibt keine Ghaselen.

Die Dichter der Gründerjahre gerieten nicht nur nicht in Verlegenheit, wenn sie fanden, daß die deutsche Sprache Liebe auf Triebe, allein auf Mondenschein und Brust auf Lust reimt; sie waren ausgesprochen froh darüber. Herz paßt zu Schmerz, das sieht jeder; weshalb es nicht dankbar begrüßen? Hätte einer der ihren das Herz mit dem Properz und ein anderer mit einem »nu plärrts« zusammengespannt, hätten sie jenen für einen Fatzken und diesen für einen Lümmel gehalten. Vorliegt nicht ein Mangel an Stilgefühl. Vorliegt eine Richtung.

Ich halte diese Richtung für keine vergangene. Ich halte die Frage des gesuchten oder ungesuchten Reims für eine Grundsatzfrage und für eine, die nie erledigt sein wird. Wer sich denn schon zum reinen Reim entschließt, hat drei Möglichkeiten offen. Er besteht auf Seltenheit des Reims und versperrt sich damit den Zugang zum Leserherzen; das ist, wie Benn es trieb. Er besteht auf Richtigkeit des Reims und wird nicht, wo der richtige Reim sich anbietet, um der bloßen Abwechslung willen nach dem minder richtigen greifen; so verfuhr Kempner und verfuhren ihre Zeitgenossen, so verlangen es mit großem Kunsternst Kuba und der reife Becher. Er kann drittens, die meisten Dichter tun es, nach einem mittleren Weg trachten, dergestalt, daß er seine Reime so überraschend hält, wie sie irgend sein können, ohne hergeholt zu sein.

Keine dieser Reimweisen, meine ich, bedeutet die Lösung für immer. Jede von ihnen erschöpft sich. Jede von ihnen erzeugt eine besondere Art Schönheit, eine Art Schönheit, die den jeweils anderen abgeht. Sie alle, vermute ich, werden neben- oder nacheinander fortbestehn. Überhaupt glaube ich nicht an den Verschleiß von Mitteln; ich sehe nur die Abnutzung der Zwecke. Klar ist, daß Neuartigkeit in der Kunst kein Wert ist, und klar ist, daß Kempners abgedroschene Reime ihr nicht zustießen, sondern genau die Reime waren, die sie, aus Gründen des guten Tons und ihren Nachbarn zuliebe, zu dichten vorhatte.

## § 10

Die Welt will nicht gern in die Form; die Arbeit des Dichters ist, sie da hinein zu bringen. Es ist das eine schwere Arbeit, und so haben die Dichter Erlaubnis, die tatsächliche und die sprachliche Gestalt der Welt um der künstlerischen Gestalt willen ein wenig zu ändern. Das Verfahren ist nicht unumstritten, aber es besteht Übereinkunft darüber, daß dem Poeten manches gestattet ist, was dem Geschichtsschreiber oder dem Grammatiker verboten wäre, und daß man, wenn es um die Schönheit geht, nicht kleinlich sein soll.

Beispielsweise nicht im Betreff des Satzbaus. »In den Augen meines Hundes«, erzählt Kempner, spiegelt sich ihr krankes und wundes Inneres, und damit das Reimwort ans Zeilenende gelange, liest sie, was sich im Hund spiegelt, in der Folge: »All mein Innres, krankes, wundes« (142). Da und dort sind »Orte«, reiht Hofmannsthal sehr ähnlich, nämlich: »drohende und totenhaft verdorrte«.

Gewisse Wörter sind zu silbenreich fürs Versmaß, gewisse zu silbenarm. Jene kürzen, diese strecken wir. Mit seinen »tausend Schiff' und Segeln« sieht Kempner das ferne Amerika vor sich (82); der Schiff-Wemfall ist falsch gekürzt; denn »Schiff'n« geht ja nicht. Brechts »Sonn und Monds« verschiedene Scheiben gehen schon überhaupt nicht. Beim Strecken schiebt Kempner schon einmal ein e in die Vorsetzsilbe; »Mite-Raupen« (67), sagt sie, vielleicht auch »Nachekommen«. Es ist der »abegewendete Blick« von Goethes Epimetheus, der hierzu die Präzedenz macht.

Es gibt zwei zusammenhängende Zeilen, worin sie ins Volle geht:

»Schwanenthalers Meisterhand.
Graf von Münch von Bellinghausen« (152).

Der eine Mann heißt Schwanthaler, der andere Freiherr von Münch-Bellinghausen. Mit seinem Eigennamen läßt kein Mensch gern spaßen. Unser Name steht mit unserer Selbstheit in noch fast so abergläubischer Gemütsverbindung wie in den alten Läuften des Namenszaubers, und wir finden, daß Kempner an dieser Stelle, deren Schwung wir wohl spüren, den Pegasus hätte fester am Zügel nehmen sollen.

Aus Grundsatz verschmäht Kempner jede Erlaubnis, etwa in der künstlerischen Form beizugeben. Ihre Reime, sagte ich, sind reine Reime. Die Reinheit des Reims, bekanntlich, wird nicht vom Schriftbild, sondern vom Klang bewirkt, und Goethes »Pappeln zeichnet / angeeignet« war ein reiner Reim, eben ein hessischer. Wenn Kempner zwischen ü und i nicht unterscheidet, ist das in Ordnung; ihr Ohr war ein schlesisches. Schlesien ist eine zu jener Zeit deutsche Landschaft, deren Bewohner kein ü aussprechen konnten.

Ich vermag nicht zu erklären, warum Kempner auch die Selbstlaute o und au als gleichklingende behandelt (44 f., 46 f., 48, 65, 96). Ich bin kein Mundartkenner. Aber auf ihrer Lippe muß das Moos wie »Maus« geklungen haben. (Sie legt sich in das grüne Maus, beklagend ihr poetisch Laus).

Auf diese Feststellung also lege ich Nachdruck: von der Form läßt Kempner nichts ab. Ein Zugeständnis in Form-Sachen findet bei ihr nicht statt; da ist sie nicht gemütlich. Ziel aller Erlaubnisse ist die Pflicht, Ende aller Freiheiten die Ordnung; so fordert es der Code Kempner. Es ist die Herrschaft des Gesetzes, welcher diese Napoleonidin alles minder Belangvolle unterwirft, sei es nun die Satzlehre oder die Wirklichkeit.

Ein merkwürdiger Kniff, die Wirklichkeit poetisch zu mißachten, ist der sogenannte Synästhismus. Mit dem Ausdruck ist die Behauptung gemeint, einer nehme eine Erscheinung mit dem falschen Sinnesorgan wahr. Empfindungs-Verwechslung hat meist zwischen Sehen und Hören statt. Farbe stellt sich für Ton ein oder umgekehrt Ton für Farbe. »Das Sehen von Tönen tritt erblich und familienweise auf«, hat Meyers Lexikon; ich selbst glaube da weniger an eine erbliche Belastung durch die Hinterlassenschaft der Kempners oder der Aschkenasys als durch die der Romantik. Unsere Dichterin nun hört sogar Kälte und sieht sogar Düfte. Ihre Phonismen beziehen sich auf die Temperaturen, ihre Photismen auf Gerüche. »Eine trockene Kälte ... schallt« (188), berichtet sie. Und: »Siehst du nicht ... die Düfte, die da ziehen« (123). Letztere Beobachtung ist noch seltener als Arno Schmidts »Die Flugbahn eines Schallgebildes«.

»Des Menschen Auge hats nicht gehört«, sagt Zettel, »des Menschen Ohr hats nicht gesehen, des Menschen Hand kanns nicht schmecken, seine Zunge kanns nicht begreifen, und sein Herz nicht wieder sagen, was mein Traum war«. — Diese Aushebung aus dem Shakespeare soll nicht beweisen, was keiner bezweifelt: daß all diese Mittel zulässige und sehr ehrwürdige Mittel sind. Worauf es mir ankommt: es sind in der Regel komische Mittel. Kempner benutzt in ihren Gedichten (wie Kleist übrigens im Drama) komische Mittel zu ernstem Behuf. Ihrer Natur mangelt jede Neigung zum Komischen. Wenn sie manches war, eine Humoristin nicht. Aber so viel spürt sie heraus: daß es sich um starke Mittel handelt. Wie immer man sie einsetzt, es ist mit Folgen zu rechnen.

## § 11

Der Staat ist die Form der Vernunft. Kempners Formwillen ist der Willen, die widerspenstige Menge der Dinge unterzukriegen, und das aber mittels jenes Vermögens, das den Menschen in gelegentlichen besseren Zuständen vorteilhaft von den minderen Wesen abhebt. Dichtkraft deckt sich bei ihr mit Denkkraft. Auf die der Poesie eigentümlichen Erkenntnisweisen legt sie keinen Wert; von einem Schönen, das etwa nicht wahr wäre, hat sie nicht die blasseste Vorstellung; kurz, sie ist, wie so viele Frauen, ganz Hirn: »Der Böse haßt, Das Laster praßt, Der Dichter denkt —« (119). Kein Erlebtes durchdringt den Panzer ihres Verstandes. »Hör' ich das Böse«, erzählt sie, »Denk ich nicht hin« (101). Und auf die richtige Entdeckung »Aller Welten End' ist nah'« (86) erwidert sie, ein weiblicher Chrysipp: »Und es reizt mich sehr«.

Wie jedem echten Dichter mangelt ihr durchaus die Gabe, die Wirklichkeit wahrzunehmen. Wir klatschen nicht ab, wir bringen hervor. Das Besondere an Kempner ist nur, daß sie die Wirklichkeit unähnlich hervorbringt, nämlich so, als ob die selbst aus Begriffen bestände oder wenigstens wisse und sich damit abgefunden habe, daß sie von uns begriffen ist. Auch eine derartige Wirklichkeit gibt Bilder, aber eben andere, als die gewöhnliche Anschauung würde.

Einen Bereich von Kempners innerm Busen kennen wir genau, ihre Tierliebe. Wie spricht sie von den tscherkessischen Pferden? »Und die Rosse, wie arabisch / Ihre Blicke leuchten« (63). Wie von den jungen Rehen? »Doch der Jäger Todesnähe/Eilet nach von Ort zu Ort« (80). Selbst Kempners Tiere sind aus Begriffen gebildet; Begriffe sinds, die wiehern und durch die Büsche preschen.

>»Es folgt die Schnecke nicht dem Aar,
Sie klebt an ihres Staubes Stücke.——« (145).

Von einem andern Verfasser mitgeteilt, müßte diese Nachricht verschroben und überflüssig wirken. Gewiß, die Schnecke folgt dem Aar nicht, weshalb sollte sie? Aber hier geht es um Verhaltensforschung der Begriffe. Es ist der Begriff der Schneckenhaftigkeit, gegen den der Vorwurf, daß er an seinem staubigen Gedankenstückwerk kleben und sich nicht hinanschwingen will, mit jedermanns Beifall sich erheben läßt. Kempners Bilder stimmen, wenn man sie in Begriffe rückübersetzt. Fürs bloße Auge machen sie pathetisch verzerrte Gruppen von einem Kaulbachschen Manierismus. Das schönste Arrangement in Kempners Ideen-Theater ist »Herrn Ernst von Weber, Vorsitzender des Weltbundes gegen die Vivisektion« gewidmet:

>»Ich möchte auf einem Bilde dich seh'n,
Umringt von glücklichen Tieren,
Die heute hochjubelnd vor dir steh'n
Und dankbar dir gratulieren« (234).

Ich habe schon von Kempners Kunst der Zusammenziehung und Vollständigkeit in der Knappheit gesprochen. Der war sie sich voll bewußt. Mit Stolz erwähnt sie, daß manch so ein »harmloses Gedicht« von ihr — was? habe: »gezündet«, d. i. gedonnert wie eine Kanone oder verheert wie eine Bombe. Es geht bei ihr immer Bumm! und Peng! Ich sehe sie an ihrem Schreibtisch sitzen und Verse schleudern, als wären es lauter Blitze und Depeschen.

Kempners Verständigkeit hat, wie Verstand meist, etwas Terroristisches. »Was sich nicht schickt, schickt sich für keinen« (137), lautet einer ihrer berühmten Erlasse. Offenkundig kann das nicht gelten, nicht für Goethe, auf den es geschleudert ist, erst recht nicht für Kempner. Aber vielleicht für deren Untertanen? Natürlich vertritt sie das Prinzip der Duldung. Doch scheint mir, daß sie auch die Duldung nicht übt, sondern verfügt. Wenn sie oft und zu Recht eine Nachtigall genannt wird, aber sie ist der Marschall Ney unter den Nachtigallen.

## § 12

Kempner liebt die Wahrheit, wir hierfür Kempner. Sie hat die Welt bedacht und heraus und legt sie treulich dar und auseinander. So stößt ihr fortdauernd zu, daß die Dinge sich anders verhalten, als sie von ihnen erwartet. Ich erörtere die Schwierigkeiten, worein Kempners Verstand gerät, und ihre Weisen, mit denen fertigzuwerden. Sie hätte sich wohl mit Teilwahrheiten begnügen können, etwa der, daß das Tier eine Seele habe — ganze Subkontinente begnügen sich dabei. Aber Rechtschaffenheit befiehlt ihr hinzuzufügen: »Wenn auch 'ne kleinere als wir« (82).

Das »traurig, widerwärtig Bild« der Armut gilt als ein Vorwurf für die Reichen. Wer sähe das heute anders? Wer, der sich nicht in dieser Art Selbstverurteilung, die nichts kostet, gefiele? Aber Kempner ist unsicher: sie persönlich hat die Armut weder gewollt noch verursacht. »Das fast als Vorwurf für uns gilt« (218), verbessert sie. Der Tod macht alles gut. »Freilich wär's mir lieber« (213), berichtigt Kempner, wenn schon das Leben gut wäre. Ihre Sorgfalt im Einschränken und Bedingen zeigt sich im überhäufigen Gebrauch von Wörtern wie »fast« und »freilich«. Und: »selten«, »kaum«, »ein wenig«.

Sogar in der Utopie nimmt sie sich die Erlaubnis nicht zu schwärmen. »Das Gute, ach, ein goldner Traum« (123) — ganz recht, aber nun genug geträumt: »Erreichbar selten oder kaum!« Es zieht sie, wir wissens, nach Süden. Sagt sie: Laßt uns nach Süden hin ziehn? Sie sagt: »O laß uns ein wenig / Nach Süden hin ziehn« (123). Sie wird den Leser nicht betrügen, er baue auf sie. Die blühende Myrte, die frischen Orangen: wir alle sind nach ihnen auf der Suche, aber die Auswanderung in den schönen Schein bleibt probweis; nicht daß einer meine, es ginge dorthin tatsächlich zu reisen.

Schwer beschreiben lassen sich die unsteten Regungen des Gefühls. Kempner bringt Ordnung in die Sache. Einen kleinen Proletarier verwickelt sein weiches Herz in den Streit zwischen einem Bettelgreis und einem harten Reichen (47 f.). Er »horcht munter auf«, er »spricht sehr verlegen«, er »fleht mit Beben«, alle drei Haltungen übergangslos nebeneinander gestellt, innerhalb von 7 Versen. Ein anderer Greis hat eine Anmerkung zu jenen sogenannten Volksfesten zu machen, die doch nichts als nur ein amtlich verordneter Lärm und Jubel sind. »Düster seine Züge waren« (85), beobachtet Kempner, aber was er anmerkt, »spricht er lächelnd«. 3 Verse. Seelische Bewegung gibt die Dichterin nicht als fließenden Gemütsleim, nicht in Breiform, sondern, ganz wie ein guter Schauspieler, in Brüchen. (Der Pfeil ruht in jedem Punkte seiner Bahn).

Kempner wußte, was sie wußte, und sie war ernsthaft beunruhigt. Goethe, kein Zweifel, er war der größte aller Deutschen. Aber unbezweifelbar auch dies: er hatte in wilder Ehe gelebt. Es paßt nicht zusammen. Kempner unerschrocken: »Auch Goethe war nicht unfehlbar« (137). Etwas einfacher liegt der Fall Wagner. Einerseits: »Die Schönheit, sie ist dargestellt«. Andererseits: »Doch manchmal Sinnlichkeit und Tücke« (217). Ein Mal, beim Urteil über Heine, gelingt ihr die Aufhebung des Schönen und des Häßlichen im Ästhetisch-Schönen und schafft sie eine komplette Triade:

Position: »Alle Engel stimmen ein,
Negation: Witzli Putzli sei vergeben —
Synthese: Alle Poesie ist rein!« (154)

Die Klasse eines Dichters und Denkers erweist sich in seiner Bereitschaft, sich den Widersprüchen auszusetzen. Es ist sehr leicht, ein Lehrgebäude zur Stimmigkeit oder ein Kunstwerk zur Stimmung zu führen, wenn man vom Widerspruch nur die Hälfte berücksichtigt, die einem liegt. Lob wie Tadel sind schnell gesungen. Aber beide sind keine Lösung für das Geheimnis der bürgerlichen Gesellschaft. Ist sie gut oder böse? Die Antwort »ja« fällt Kempner nicht ein; so entsteht viel

Sorge für ihr nachdenkliches und aufgeklärtes Wesen. Brecht hat die Technik des Nicht-Sondern benamt. Kempner besaß sie. Gott segne ...

>Euch alle im Sonnenlicht,
Die Vöglein, Röslein, Immergrün,
Die Dornen und die — Würmer nicht! —« (143)

Die neuere Philosophie beginnt bei Kant, der die Weltfragen vollständig stellt und aber rät, die Finger von ihnen zu lassen, und endet mit Hegels »Contradictio est regula veri«: Der Widerspruch ist die Regel für das Wahre. Kempners Denkwerkzeuge entsprechen ungefähr den Kantschen, sie läßt aber von nichts die Finger.

Sie war nicht vom Stoff jener, die schon einmal was offen lassen. Das Andeutende lag ihr nicht, und natürlich lehnte sie es ab, sich den wunderlichen Anmutungen der Wirklichkeit durch Späße zu entziehen. Ein Fachmensch würde es so ausdrücken: sie ging an die Aufgaben der Dialektik mit mechanischen Mitteln. Bis in wie tiefe Winkel hinein sie die Erscheinungen verfolgte, die schlugen immer neue Haken, und je redlicher ihr Kopf sich an ihnen mühte, desto unausweichlicher wurde ihr, wie sie oft beteuert, das Dasein zum Rätsel. Zweifel besucht und versucht sie:

>Nicht mehr grad' wie Pol zum Pole
Faß' ichs im Begriff« (91).

Aber der Mut verläßt sie niemals. Sie stellt sich dem Aporem und erliegt nicht der Aporie. Sie blickt dem Sphinx in den Blick. Sie gelangt immer zum Schluß und hat die Antwort und gibt die verwickeltste Frage als erledigte. Und fährt, im Angesicht des Rätselmonsters, zu behaupten fort.


## § 13

Wie gut war Friederike Kempner? —

Ich benutze die eingetretene Pause, um die Spender der Motti nachzutragen, mit denen die §§ 4—8 eingeleitet sind. »Die Schlange« stammt von Schiller, »Der Tintenklecks« von Goethe, »Napoleon« von Grillparzer, »Trotz Kraft und Mut« von Hebbel, »Der Urwald« von Becher. Alle Beiträger gaben ihr Bestes; Kempner selbst ist in jedem Fall besser. Überflüssig zu versichern, daß die Gedichte Wort für Wort so verfaßt sind, wie ich sie anführe. Ich habe sie nur eingestrichen und teilweise neu überschrieben, mostarisiert eben.

Es war nicht bei jedem Dichter gleich leicht, Strophen herauszusuchen, deren Ton mit dem unserer Dichterin mitschwingt. Wenig Widerstand leisteten Schiller und Hebbel. Ich weiß nicht, ob Kempner sich getraut hätte, wie Schiller los auf Ross zu reimen. Vermutlich. Los auf Rohß, das ist zwar ein schwäbischer Reim, aber gegen laus auf Rauß ist auch kein Einwand. Grillparzer ist eigentlich zu witzig. Über bestimmte Dichter kann man nicht wider ihren Willen lachen, weil man schon mit ihrem Willen lacht. Johannes Becher fand ich minder zupackend, als ich dachte, daß er wäre. Diesem Mann eignet etwas Verschwimmendes, Entschlußloses; auch er kommt von Schiller her, aber kein Vergleich mit der erhabenen Schülerin Schillers, von der ich die Ehre habe zu sprechen. Becher hat Angst vor Rändern. Seine Komik ist eher matt. Er baut nicht, er zieht Fäden.

Goethe, die Wahrheit zu sagen, enthält überhaupt nichts Rechtes. Sein Tintenklecks ist schon dem Vorsatz nach ein Scherz, mag ja sein, nicht sein gelungenster. Wie jeder Versuch, Goethes Vollkommenheit anzukratzen, erbrachte auch dieser nur einen weiteren Beweis seiner Vollkommenheit. Sein Geschmack ist unfehlbar; er konnte noch im Schlaf zuschlagen, ohne daneben zu schlagen.

Über Kempner erfahren wir im Vorbeigehn, daß es keinem gelingt, an sie zu erinnern. Keiner klingt wie sie. Sie ahmt keinen nach, und keiner wird sie mit Erfolg nachahmen. Die Epigonen-Frage ist vom Tisch.

## § 14

Messen ist nur ein anderes Wort für vergleichen. Ich habe, Kempners Rang auszumitteln, Kempner mit denjenigen Meistern verglichen, die ihr in der Hinsicht der Form ähneln. Jetzt ziehe ich den Vergleich mit den Schriftstellern, denen die deutsche Geschichte den nämlichen Stoff zur Bearbeitung vorgelegt hat. Kempner wurde 1836 geboren. Ich kann die

Dichter der Jahrgänge 1830 bis 1840 als ihre Zeitgenossen betrachten; jene, die wir kennen, und jene, die von ihren Lesern gekannt waren, es sind kaum jemals dieselben.

Der Dichterfürst und unbestrittene Führer dieses Zehnjahrgangs war Paul Heyse. Er kam 1830 zur Welt und ragte in Drama, Prosa und Lyrik hervor. Hier der Rest, eingeteilt nach Gattung und nach dem Alter geordnet. Drama: Adolf v. Wilbrandt, Adolf L'Arronge, Ludwig Anzengruber, Paul Lindau. Prosa: Marie v. Ebner-Eschenbach, Wilhelm Raabe, Ferdinand v. Saar, Felix Dahn, Leopold v. Sacher-Masoch, Georg Ebers. Vers-Epos: Julius Wolff, Robert Hamerling. Lyrik: Wilhelm Busch, Emil Rittershaus, Hans Hopfen, Ernst Scherenberg, Rudolf Baumbach. Kempners Vorbilder Otto Roquette, Victor v. Scheffel und Heinrich Leuthold entstammen den Zwanzigern und sollen miterwähnt sein.

Das ist eine sehr durchscheinende Plejade. Es gibt wenige Flecken an unserem Literaturhimmel, die so arm bestirnt sind. Man wird zugeben, daß die Mehrzahl dieser Dichter eifrig damit beschäftigt war zu stiften, was nicht blieb. Natürlich haben derartige schwarze Löcher ihren gesellschaftlichen Grund, in der Regel immer denselben: Entmutigung während der Reifejahre durch eine ungelungene Revolution. Denn der Dichter wird nicht am Tag seiner Geburt geboren.

Die ganze Gruppe hatte, sei es mit acht oder mit achtzehn Jahren, gelernt, daß gesellschaftliche Anstrengungen sich nicht auszahlen, und die Zeit nach dem Unglück hatte sie unter Friedrich Wilhelm dem Unsäglichen hinbringen müssen, der einzigen Niete unter den Hohenzollern. Wie flugbegabt jeder einzelne von ihnen gewesen sein möge, Erfahrung brach ihm, in dem Lebensabschnitt, wo die wachsen, die Fittiche, und sie fuhren fort, zu Fuß zu gehn. Das Dichten ist ein ziemlich frecher Eingriff in den Weltzusammenhang. Der Dichter bedarf keiner geringen Überzeugung von der Wichtigkeit seines Meinens, und Bedingung solchen Selbstgefühls ist einmal das Erlebnis der Durchführbarkeit öffentlicher Verbesserungen. Ich sage also ein gleich schwarzes Loch für das Geburtszehent 1950 bis 1960 voraus.

Falls jemand meine Methode der Literaturgeschichtsschreibung politischer als erlaubt findet — Kempners Methode war es. »Weil edle Pflanzen oft eingehen«, seufzt sie, »Wenn sie auf sand'gem Boden stehen! —« (203). Wir sehen sie gierig jeden Anlaß zur Zuversicht ergreifen. 1851 setzte sie auf den dritten Napoleon und 1888 auf den dritten Friedrich, dessen schneller Tod ihre Hoffnung rettete. Auf Bismarcks Staatsstreich von 1862 gab sie nichts. Und selbstverständlich keine Silbe von dem Kaiser Wilhelm II. Um aus solch enttäuschender Jahrhundertblüte Honig zu saugen, bedarf es eines kräftigen Rüssels. Kempner scheint über den verfügt zu haben.

Bei aller hohen Achtung vor Raabe und dem unterschätzten Dahn, bei aller Einsicht in die Verdienste von Anzengruber, Ebner, Saar und Scherenberg — wer von denen allen weilt heute unter uns als ein Lebendiger? Wilhelm Busch hat überdauert, und Friederike Kempner hat es, zwei alte Jungfrauen vom Lande.

## § 15

Jeder Künstler, dem der Nachruhm bestimmt ist, weiß das und ist sich der Sache sicher. Ich jedenfalls habe von keinem vernommen, der sich unterschätzt hätte, und ich warne vor dem *bescheidenen Unsterblichen,* der vorgibt, es gehe ihm einzig darum, den Mißständen des Augenblicks abzuhelfen oder Geld zu machen, und, daß ihm später auch noch Unsterblichkeit winke, nur eben so durchblicken läßt. Sie sollten dem im ersten Punkt Glauben schenken, im zweiten nicht. Kunst ist entweder Selbstzweck oder nicht Kunst. Für alle anderen Zwecke macht Kunst zu viel Mühe. Dem Augenblick ist besser geholfen und das Geld schneller verdient, wenn man sich um Gütefragen nicht kümmert.

Das Bescheidwissen über den Nachruhm rührt selten aus einer dem Künstler eingeborenen Überheblichkeit. Es ist die Umgebung, die den Gutwilligsten zu begreifen zwingt, daß er ein Besonderer ist. Kempner hatte es endlich begriffen:

»Mitwelt, Deine Schuld bezahlend,
    Sticht die Nachwelt einst mein Bild in Erz« (108).
Offenbar stellte sie sich die Ewigkeit in Gestalt eines Stahlstiches vor, aber ihr Engel zielte höher und riet ihr, das Wort Erz zu wählen.

Für die Aufgabe, den Künstler auf die Nachwelt zu verweisen und ihm so seine besten Kräfte abzufordern, bedient sich die Mitwelt der Rezensenten. Auch Kempner bekam mit diesem Berufsstand zu schaffen. »Sie hören und versteh'n mich nicht«, beschreibt sie mit großer Genauigkeit —: »Und sagen dämlich immer nein« (239). Kein Zweifel, sie kannte sie. Natürlich verbat sie sich ihre Geschmacksäußerungen. Sofern irgend Einrichtungen auf der Grundlage der Gleichberechtigung ihrer Mitglieder Bestand haben können, dann doch jedenfalls nicht die Literatur, und wie jeder Poet dieser Welt war Kempner nur bereit, sich vor einer Kammer von Peers, d. i. Poeten, zu verantworten: einer Kammer, der sie selbst angehörte.

>»Es sitzt der Dichter zu Gericht,
>    Sein Urteil schreibt er im Gedicht,
>    Und wer dem Ideale gleicht,
>    Begeistert er die Palme reicht« (162).

»Wer« ist eine sprachschöpferische Zusammenholung von »dem, der«. Eine sehr Kempnersche Strophe. Die Grammatik tollkühn, alles übrige makellos.

Zwischen die Hölle der Zeitungsurteile und das Paradies der Klassizität hat die Vorsehung das Fegfeuer gesetzt, den Berg, wo die Philologen hausen. Diese Rezensenten der mittelfristigen Nachwelt plagen den auf eigenen Füßen Steigenden, indem sie ihm, scheinbar großmütig, das Recht auf schwache Stellen zubilligen. Das ist eine Verschwörung. Es ist der Versuch, die Dichter auf die Ebene ihrer eigenen Unmaßgeblichkeit herabzuziehen. Von der Art Prüfung bekam Kempner einen frühen Vorschmack: »Lassen Sie nur ja diese Mängel stehen«. — Mängel! — Am Ausgang des Purgatorio, schon im Angesicht der Strahlenpforte, wartet die letzte philologische Marter: die Neuausgaben.

Sehr mächtigen Erscheinungen nähert sich unsere Rasse auf dem Umweg. So wie man den Teufel oder den Tyrannen oder die Geschlechtswerkzeuge bei einem verniedlichenden Namen nennt, so, mit solchem Zittern, erträgt die Menschheit die Begegnung mit einem Klassiker in der Abschwächung der Auswahlen und der Bearbeitungen: ad usum humani generis. Wenn Friederike Kempner eins nicht verdient hat, dann eine Auswahl oder eine Bearbeitung. Aber genau das ist die Stufe ihrer Apotheosierung, auf welcher sie nur ihre feige und hinterhältige Anbetung erfahren durfte.

Kempners Seele war eine Dichterseele, ihr Leben ein Dichterleben, ihr Schicksal ein Dichtergeschick. Ich habe damit den Beweis nicht erbracht, daß sie eine Dichterin war. Jeder Mensch von Größe benimmt sich wie ein Mensch von Größe; nicht jeder indes, der sich wie ein Mensch von Größe benimmt, ist einer. Es gibt eine ganz sonderbare Fertigkeit drittrangiger Künstler, sich mit den gleichen Fragen herumzuschlagen und sich die gleichen Qualen aufzubürden, wie sie, wären sie erstrangige, müßten. Auch die Kreuzigung ist plagiabel. Aber zumindest ist nichts in Kempners Betragen, das darauf hindeutete, es habe mit ihr nichts auf sich.

»Wenn mein Geist einst von euch scheidet,
Sag' ich euch nichts Gutes nach« (111).
Mich überzeugt das.

## § 16

Komik entsteht, wenn eine Lage mit Ernst gegründet, mit gedanklicher Klarheit dargeboten und mit Plötzlichkeit zum Einsturz gebracht wird. Es ist, wünsche ich mir, deutlich geworden, daß diese drei Voraussetzungen von Kempner nicht hergestellt werden müssen, sondern ihr mitgegeben sind.

Ernst, die wahrscheinlich wichtigste und sicher allzu rare Tugend des Komikers — sie hat ihn. Sie ist eine feste Natur, die sich bei keinem Zweifel beruhigt und keinen Schaden für harmlos durchgehn läßt. Gedankliche Klarheit — sie hat sie; ihrer Leser Gehirne sind wach und vorbereitet. Und ihre Neigung zum Zuspitzen kann jeden Pickelhering in die Mißgunst treiben. Pointe ist das französische Wort für Spitze. Kempner baut Pointen, stark wie ein Pharao und emsig wie ein Maulwurf.

Gerade weil Gelächter nicht die Absicht ihrer Schöpfungen ist, ist es umso mehr deren Ergebnis. Eine Pyramide, die dauernd abbricht, das ist lustig. Der gemeinsame Feind beider, des Tragischen wie des Komischen, ist das Gestaltlose. — Soweit der Versuch einer knappen Bestimmung der Kempnerschen Komik, eine Bestimmung freilich noch erst der Form nach.

Mit Gattungen geht es so. Ursprünglich dient die Gattung der Ausfegung von Seelengerümpel. Die Verfahrensweisen, die sie hierbei anwendet, gerinnen zu Verfahrensmustern; aus Gattungsgeschicklichkeit wird Gattungsform und Gattungsschönheit; und am Ende bleibt die Sache unlohnend, wenn die Gattung nicht taugt, das Gesamt des Weltinhalts zu erfassen. Was mit dem bloßen Bedürfnis, Unlust zu vermindern, begann, hat nun unsere Fähigkeit vermehrt, die Dinge, die uns schrecken, tatsächlich abzustellen.

Wir können über Nichtigkeiten lachen, aber wir haben nichts davon. Als Lacher schmeicheln wir uns selbst; Lachen über nichts verschafft uns das gleiche hohle Magengefühl wie leere Schmeichelei. Es entsteht keine besondere Heiterkeit, wenn Blödes dem Wahren weicht, aber Wahres, das in Wahreres umschlägt, erheitert sehr. Je zwingender die Bedrohung durch den Witz, desto erlösender die Befreiung in der Pointe, desto tiefer das Glück. Es hat nun aber die unfreiwillige Komik ihren platten und ihren hohen Humor, genau wie die freiwillige.

Der komische Dichter hat sich entschlossen, lieber als den Weltjammer den Weltunsinn zu erdulden. Den Weltunsinn führt er in der Maske des Welt-Sinns vor, in welcher jener ja seine öffentlichen Auftritte hat. Um nichts anders verfährt Kempner. Nur: sie weiß es nicht. Das Komische an Kempner ist ihre Überzeugung von der Denkfähigkeit der menschlichen Rasse.

»Die Überzeugung der Verfasserin von der Vortrefflichkeit der menschlichen Natur hatte so manchen Stoß erlitten«. Als sie das schrieb, war sie mit ihrem Humor am Ende und legte sich zum Sterben hin.

Der gesunde Verstand ist immer komisch. Der gesunde Verstand mit gutem Gewissen vorgetragen, das ist unwiderstehlich. Wir sehen Kempner begrifflich unbewaffnet in die Fehde mit den Antinomien ziehn. Wir sehen sie, der Dialektik sich nähernd, ohne Hoffnung, sie je zu erreichen. Wir sehen ihre Tapferkeit und das Vergebliche an der. Die Vergeblichkeit kitzelt unsere Eigenliebe, die Tapferkeit erregt in uns den Wunsch, mit der Heldin zu kämpfen und selbst tapfer zu werden. Schließlich, wir starren in denselben Abgrund. Das Lachen über Kempner ist so beflügelnd wie Hegels Staunen über Kant.

Kempners Komik beruht auf ihren Stärken. Ihre körperhaftesten, durchgeführtesten, eigensten Verse sind ihre ulkigsten: läßt sich da eigentlich noch von unfreiwilliger Komik sprechen? Sie bezweckt Wirkung, sie hat sie; wo liegt die Unfreiwilligkeit? Die Wirkung, die sie hat, ist eine andere, als sie bezweckte. Ist das nicht aller Dichter Los?

Lachen wir über Kempner? Bestimmt nicht. Der Schelm ward noch nicht getroffen, der niedrig genug gefühlt hätte, sie auszulachen. Demnach will sie uns lachen machen? Ganz bestimmt nicht.

Die Frage ist falsch gestellt. Was den deutschen Leser seit hundert Jahren im Werk der Vielgeliebten entzückt, sind die Witze des Weltgeists, Kempner erzählt sie nur weiter.

Berlin, im Mai 1986

Peter Hacks

Meiner verewigten Mutter,
der Frau Rittergutsbesitzer

## Marie Kempner

geb. Aschkenasy

Das waren Tage des Glückes, als ich diese Gedichte einzeln schrieb, und jedes derselben, noch kaum entstanden, ihr vorlas.

Ist's möglich, daß solch reine Wonne gleich einem Schatten vorüberziehen, oder gleich dem Untergange der Sonne nichts als ein in Glut getauchtes Rot — die Spur ihres leuchtenden Weges — zurücklassen kann? —

Doch auch die Sonne geht nicht wirklich unter, und auch ihr reines Bild lebt hinter dem Vorhange unserer Zeitlichkeit und lächelt am Ufer dem noch auf den Wellen Spielenden ...

Die Verfasserin

# Vorwort zur 2. Auflage

Wenn ich der zweiten Auflage meiner Gedichte einige Worte voranschicken soll, so sind es Worte des Dankes an die liebe Lesewelt, welche der ersten Auflage ein so reges Interesse entgegenbrachte, daß nach so kurzer Zeit eine zweite notwendig geworden ist.

Es freute mich unbeschreiblich, daß aus allen Gegenden Deutschlands, von nah und fern, Anfragen und das Verlangen nach diesen Gedichten an mich schriftlich ausgesprochen wurden. Ich bin stolz darauf und ganz besonders davon gerührt, daß alle Farben und Parteien dabei vertreten waren; scheint es doch, als wenn jeder im Innern fühlte, daß es Aufgabe und Ziel der Poesie ist: die Wahrheit für alle zu veranschaulichen, — und durch ihren Sieg dereinst alle zu versöhnen.

Friederikenhof, 1882

Die Verfasserin

# Vorwort zur 3. Auflage

Der dritten Auflage meiner Gedichte, denen ich viele neue hinzugefügt, schicke ich einige Worte des freudigsten Dankes voraus: Dank der liebenswürdigen Lesewelt, welche die 2. Auflage — 1882 erschienen, schon im Mai 1883 vergriffen hatte!

Möge dieser dritten dieselbe Gunst zu teil werden, eine Gunst, die das Glück und den Trost der Verfasserin ausmacht.

Breslau, im April 1884

Die Verfasserin

# Vorwort zur 4. Auflage

Nachdem die dritte Auflage dieser Gedichte, denen ich eine Anzahl neue zur vierten Auflage beifüge, in etwa vier Monaten vergriffen, kann ich nur meinen lebhaftesten Dank wiederholen und nochmals sagen, daß dieses Wohlwollen und diese Sympathie mich rührt und wahrhaft beglückt. Ja, das Bewußtsein, meine Gedanken geteilt zu wissen, erhebt mich zu der freudigen Erwartung, daß auch meine humanen Bestrebungen sich in die Herzen der Menschen immer mehr Bahn brechen und den Sieg über Inhumanität und Unverstand davontragen werden.

Berlin, im November 1884

Die Verfasserin

## Vorwort zur 5. Auflage

Ich habe bei dieser fünften Ausgabe meiner Gedichte wiederum für das überreiche Wohlwollen, welches der vierten Auflage zu teil geworden ist, nur zu danken. Es fehlte freilich auch nicht an anonymer Feindschaft, ja an Haß und Verfolgung niedrigster und widrigster Art, und wie mancher Beherrscher von Rußland, sah ich mich fast täglich von anonymen Briefen heimgesucht, eine Ehre, die ich gar nicht erwartet hätte, die ich aber zu würdigen wußte. Denn gibt es in der Tat ein einziges Streben oder eine einzige Schrift, welche etwas will und nicht angefeindet worden wäre?

Und so kam ich zu der Überzeugung, daß denn doch hie und da ein vorurteilsloses, harmloses Gedicht, ein humaner Gedanke, objektiv zur Anschauung gebracht, frei von aller Parteilichkeit, gezündet, d. h. manchen Bösewicht aufgestachelt haben müsse, so daß er zu Dynamit und Gift greifen wollte. Aber Dynamit und Gift sind schlechte Waffen, die sich überlebt haben, und die unparteiische Wahrheit trifft beides nicht, und so hat denn das liebenswürdige Publikum diese gemeinen Angriffe kaum seiner Entrüstung gewürdigt und in seiner reichen Gunst sind die Gedichte ein bleibendes Buch geworden.

Friederikenhof, den 12. Oktober 1887

Die Verfasserin

# Vorwort zur 6. Auflage

Mit regem Dankgefühl
Send' ich euch wieder mal
Euch Blätter ohne Zahl
Ins menschliche Gewühl!
Bringt meinen Gruß der Welt,
Und habt ihr ihn bestellt,
Verfolget euer Ziel,
Und — gleichsam wie im Spiel —
Verkündet allzumal:
Auf Bergen und im Tal,
In Hütte und Königssaal,
Der Schönheit Ideal,
Der Wahrheit Erz und Stahl,
Der Tugend Götterstrahl!

Friederikenhof, im Januar 1891

Die Verfasserin

# Vorwort zur 7. Auflage

Der Herr Verleger wünscht ein Vorwort zu dieser neuen Auflage und gern rede ich zu denen, welche mich gelesen haben, und welche mich noch oft lesen werden. Dank sei ihnen vor allen für eine Sympathie, eine Übereinstimmung, welche mich beglücken, und mich hoffen lassen, daß auch die »neuen Gedichte«, welche ich dieser Auflage eingereiht habe, den Weg zum Herzen der Menschen finden werden. Schrieb ich sie doch in unsrer neuesten, oft so stürmischen Zeit — gleichsam als einen Erguß lyrischen Schmerzes, der sich jedoch bald in heit're Zuversicht auflöste, mit dieser optimistischen heiteren Zuversicht hoffe ich auch, daß die aufbrausenden Partei-Leidenschaften sich bald, wie oftmals die Wellen des Meeres plötzlich beruhigen und zum Wohle unseres Vaterlandes und der ganzen Menschheit der *Liebe zu ihm und ihr Platz machen werden!* —

Ich hätte manches zu sagen, allein — ein Telegramm verlangt das Vorwort, und so will ich mich damit begnügen, hier nur einer kleinen Episode aus dem Beginn meiner schriftstellerischen Laufbahn zu gedenken, nämlich meiner ersten Gedichte. Ich hielt sie alle versteckt in der fast fieberhaften Unruhe der Ungewißheit, ob ich in Wahrheit eine Dichterin und es wert sei, zu den Herzen der Menschen zu reden, beschloß ich, einem unsrer »größten« Gelehrten, einem Prof. der Botanik und Präsidenten der Akademie der Naturforscher meine Verse zu zeigen, ich wandelte mit hochklopfendem Herzen die langen Oderbrücken der Stadt Breslau entlang nach dem botanischen Garten und wartete lange im Studierzimmer, bis der berühmte achtzigjährige Mann durch den Garten seinem Hause zuschritt. Er fragte freundlich nach meinem Wunsche, ich sagte etwas stockend: ich möchte gern wissen, ob ich wirklich Talent habe — und wurde dabei über und über rot; er sah mich erstaunt an, da ich fast noch ein Kind war, und lächelte fein, bat es sich aber aus, daß ich ihm die wenigen Gedichte dalassen möge, er würde sie gründlich prüfen. Bald darauf erhielt ich ein Schreiben von ihm, dasselbe lautet:

»Sie haben mir mehrere Gedichte zur Beurteilung vorgelegt und mir dadurch das ehrenvolle Vertrauen auf den Takt meines Kunsturteils bewiesen, zugleich aber auch sich selbst ein ehrenvolles Zeugnis ausgestellt, nämlich das, daß es Ihnen ernstlich um ein rücksichtslos ehrliches Urteil zu tun war, weil Sie sich so ziemlich einen von denen aussuchten, denen es am wenigsten einfallen kann, auf Kosten der Wahrheit galant erscheinen zu wollen.

Ich habe mehrere Ihrer Gedichte mit steigender Teilnahme mehr als einmal gelesen und lege mir hier vor Ihren Augen, was ich gern auch mündlich tun würde, Rechenschaft über den Eindruck ab, den sie auf mich gemacht haben; diese Gedichte erscheinen mir als lyrische Dichtungen im wahren Sinne des Wortes, nämlich als Ergüsse eines bewegten, sittlich starken, der Natur offenen, seiner Zeit und ihren großen Ideen gewachsenen, für das Menschliche im Menschen männlich begeisterten Herzens, das seine Empfindungen unmittelbar und mit lebensfrischen Sinnen aus seiner lebendigen Welt schöpft, diese in sich, gleichsam als die eigene Seele, wiederfindet und nun ohne zu grübeln oder beifallssüchtig zu künsteln, rasch wie einen liebenden, bewundernden, richtenden, strafenden Erguß der Leidenschaft auf seine Gefahr rücksichts- und furchtlos hinaus ruft ins Volk, als rede er auf Geheiß der Wahrheit von der Tribüne.

In dieser Leidenschaftlichkeit des lyrischen Ergusses finde ich den Grundzug Ihrer Gedichte, den Grund ihrer Schönheit wie ihrer Mängel. Lassen Sie doch ja diese Mängel stehen! Sie würden mit jedem solchen weggewischten Fleckchen den Glanz einer Schönheit verschleiern, erwarten Sie nach dieser Erklärung kein detailliertes Urteil von mir. In den Seelen schlummern Taten, die nur erst Gedichte sind, und diese werden sich vielleicht schämen vor den kecken Wagnissen solcher Dichtungen, die vielmehr Opfergaben und Taten hingebender Liebe sind. Ihre Naturschilderungen sind groß durch ihre Leidenschaftlichkeit, — und die zarteste Bewunderung des Schönen in der Natur wie im Menschenleben. Am liebsten sind Sie mir freilich, wenn ich so sagen darf, in Ihren Berichten aus den Gebieten der Hölle, des Verrats, der Flucht des Menschlichen unter den Geiselhieben der entfesselten dämonischen Gewalt, und da, wo Sie zu Gericht sitzen über den Abtrünnigen, die Sie noch einmal herbeibeschwören, um ihnen den Text zu lesen.

Ich habe übrigens mehrere Ihrer Gedichte meinem Freunde B. mitgeteilt, der zwar die Feile mehr liebt, als ich, der aber doch im besten mit mir einig und wahrhaft warm wurde. Er hat uns neulich seine »Göttin der Vernunft« gelesen — ein kerniges, tragisches Epos.                    Ich grüße Sie usw.«

Ich war überaus glücklich über den Empfang dieses Schreibens, dessen Schönheit mich veranlaßte, seiner hier zu gedenken.

Breslau, den 16. Oktober 1894

Die Verfasserin

# Vorwort zur 8. Auflage meiner Gedichte

Indem ich Dir, lieber Leser und schöne Leserin, zum achten Male meine innersten Gefühle und Gedanken vorlege, hoffe ich, daß keine so große Pause zwischen dieser und der neunten Auflage eintreten wird, wie zwischen der siebenten und der heutigen.

Freilich bestand die siebente Auflage, welche Ende des Jahres 1894 erschienen ist, aus mehreren tausenden Exemplaren und mehrere Kriege: der Spanisch-Amerikanische, der Chinesische, der Transvaalkrieg und mancherlei Bürgerkriege, gehässige, ja blutige, füllten während dieser Zeit die Welt und zogen ihre Blicke von der schönen Literatur ab, um sie auf das wilde Element des Streites und der Parteilichkeit zu lenken. Auch an anarchistischen Meuchelmorden, konfessionellen und religiösen Wirren und Verleumdungen fehlte es nicht in dieser Zeit und sie beschäftigten zur Genüge die Leser; ja die beiden Ungeheuer: Unglaube und Aberglaube, die sich leider um die Herrschaft der Welt streiten, hielten die Gemüter fern von der harmlosen reinen Freude der Poesie, um sie in Angst und Spannung zu versetzen.

Es war eine böse, widerwärtige Zeit und die Ueberzeugung der Verfasserin von der Vortrefflichkeit der menschlichen Natur an und für sich, welche sie in ihrem »Büchlein von der Menschheit«* ausgesprochen, hatte so manchen Stoß erlitten. Das war nicht die Welt, die sie im Rahmen ihrer Mutter gesehen und träumen lernte, das war kein Abglanz jener Menschen liebenden Größen, die ihr schon in der Kindheit und in frühester Jugend begegneten, nichts von den Anschauungen Herrmann Wilhelm und Marie Boedekers, da war keine Spur von der uneingeschränktesten Toleranz der beiden opferfreudigen Priester Franz und Anton Marson, kein Schatten von den selbstlosen, ja großmütigen Ansichten Nees von Esenbeck, der die Brüderlichkeit praktisch einführen und Preußen die Leopoldinisch-Carolinische Akademie der Naturforscher trotz allem nicht entziehen wollte, und keine Aehnlichkeit von der weisen, attischen Klarheit des großen Boeckh und seiner Toch-

* Verlag von Paul Grüger, Berlin.

ter, Frau Professor Gneist. Es war eine harte Zeit der Unliebe. Damals schrieb sie ihre Broschüre »Ein Wort in harter Zeit« und mißmutig, wie s. Z. Grillparzer, zog sie sich in die Einsamkeit zurück und manchmal sagte sie zu sich selber: »Wie schwer wird es einem gemacht, das Gute zu tun.« Aber verzagt hat sie nicht, weder an der Menschlichkeit noch an der Erreichung des Guten und niemals an der Gnade Gottes, der sie das große Ziel zum Wohle aller, welches sie trotz mancher Stürme verfolgte, und das sie für ihr eigenes Wohl und Wehe fast unempfindlich macht, ganz nach ihrer Überzeugung erreichen lassen wird. Das walte Gott.

Nun, lieber Leser und schöne Leserin, überreiche ich Dir mit dieser neuen Ausgabe auch mehrere neue Gedichte, auch sie kommen von Herzen, wie alle meine Gedichte und werden Dir daher, wie ich hoffe, auch zu Herzen gehen.

Möge mit ihrem Erscheinen auch eine ideellere, wahrhaft humane Zeit eintreten.

Friederikenhof, den 1. März 1903

Die Verfasserin

## DAS VÖGLEIN

Vöglein, Vöglein mit den Schwingen,
Mit den Äuglein schwarz und klein,
Laß uns mit einander singen,
Laß uns liebe Freunde sein!

Vöglein hüpfte auf den Bäumen,
Endlich es mit Sang begann:
Du kannst nur von Freiheit träumen,
Dich seh' ich als Fremdling an!

Mensch, auch Du hast Deine Schwingen,
Äuglein klar und hell und rein,
Könntest Freiheit Dir erringen,
Dann erst laß uns Freunde sein!

## ABDEL-KADERS TRAUM

Wolkenloses himmlisches Gewölbe,
Unter mächt'gen Palmen Purpurzelt,
Eine Reiter-Karawane hält,
Auf dem Boden Wüstensand, der gelbe.

Krachend unterirdisches Gewölbe,
Fünfzehnhundert Leichen, tiefentstellt, —
Jede Leiche war ein wackrer Held, —
Speit die Flamme rasselnd aus, die gelbe.

Solch' ein Traumbild Abdelkader grüßte,
Trunken er der Heimat Boden küßte:
»Allah, Allah« — ruft er, — »meine Wüste!«

»Pellisster, Dein fürchterlicher Brand!« —
Plötzlich sich der Held im Traum ermannt,
Seine Blicke trafen Kerkerswand! —


## ANTIBRÜDERLICHKEIT

Sterne, könnt ihr freundlich glänzen,
Wenn das Unerhörteste geschehen,
Könnt ihr gleichgültig herniedersehen,
Wenn das Böse sie bekränzen?
Wenn ein Funken in euch sprühet,
Sterne lodert auf in hellen Flammen,
Nur mit Flammen könnet ihr verdammen,
Was auf Erden hier geschiehet.

Und Du Erde, stille, kalte,
Birgst in Tiefen Du nicht Feuerschlünde?
Hast Du keine für die ärgste Sünde?
Rüttle Dich, Du kräft'ge Alte!
Spei sie aus mit einem Zuge:
Unterwelt und heil'ges Himmelsfeuer,
Schlagt zusammen über Ungeheuer,
Und geheuer wird's im Fluge.


## MOTTO

Sei ein Mensch, hab' ein Herz
Unter Millionen,
Wie ein Fels, wie ein Stern,
Stehe fest, leuchte fern,
Setz' die Welt in Staunen!

Sei ein Mensch, hab' ein Herz
Für die Millionen,
Wenn's der Tor auch Wahnsinn nennt,
Weil er keine Weisheit kennt,
Kannst Du drüber staunen?

Sei ein Geist, schür' die Glut
Unter Millionen,
Selber heiß, selber glüh',
Fürchte nie, raste nie,
Setz' die Kraft in Staunen.

Sei ein Geist, schür' die Glut
Unter Millionen,
Laß auf Erden eine Spur,
Ahne sie und lächle nur,
Es giebt sichre Kronen.

Sei ein Geist, schür' die Glut
Unter Millionen.
Wie am Himmel still ein Stern,
Wirke lächelnd, scheide gern,
Alles wird sich lohnen!


## DER INVALIDE

Ein alter Mann mit grauen Haaren,
Tiefbraun von Hand und Angesicht,
Aus dem, so stark die Glieder waren,
Hohnfrei ein stilles Lächeln spricht.

Mit blauen Augen, sanft, voll Leben,
Wie mancher friedlich deutsche Strom,
Und wie die Heil'gen sie erheben
Im stolzen Vatikan zu Rom.

Er spielt auf off'nem Markt die Leier,
Der arme, alte Invalid',

Von trüben Zeiten, — alter, neuer,
Singt er dazu ein hübsches Lied:

»Oed' und verlassen
Nah' ich dem Grab,
Spielet ihr Lüfte,
Sanft mich hinab!

Vieles erlitten,
Kämpfend erstrebt,
Für Deutschland gestritten,
Für Deutschland gelebt.

Und eifrig geliebet
Menschen und Gott,
Menschen, sie blieben
Fern in der Not!

Oed' und verlassen
Nah' ich dem Grab,
Spielet ihr Lüfte,
Sanft mich hinab! —«

Viel Leute geh'n an ihm vorüber,
Die meisten sehen gar nicht auf,
Sein sanfter Blick wird trüb' und trüber,
Doch spielt er immer wacker auf.

Der Abend naht, die Sonne sinket,
Der Alte packt die Leier ein,
Im Auge eine Träne blinket,
Er seufzt: man soll zufrieden sein!

Ich dachte heute nicht zu fasten,
Und hofft' auf frisches Lagerstroh!
Komm', alter, lieber Leierkasten,
Man hofft, doch wirds nicht immer so!

Es waren freilich kühne Pläne,
Doch Niemand hat mich angeschaut,

Man zahlt nun nicht mehr solche Töne:
Was fang' ich an in meiner Not?

»Und« — spricht er stockend und verlegen,
»Ich weiß nicht, red' ich Jemand an?
  Es ist an mir nicht viel gelegen,
  Doch *ganz* man nicht verhungern kann!«

»Herr« — fleht er endlich einen Reichen,
»Sie borgen wohl acht Pfenn'ge mir? —«
»Mein Freund, man borgt nicht eures Gleichen,
  Und Bettlern geben selten wir.« —

»Als Bettler ward ich nicht geboren,
  Ein Bettler wird man erst alsdann« —
  — Lehrt sanft der Greis den tauben Ohren,
»Wenn man sich nicht mehr helfen kann!« —

Ein Knabe zieht die Straß' herunter,
Mit Rosenbüscheln zum Verkauf,
Der kleine Proletarier, munter,
Horcht bei des Alten Stimme auf.

»Herr«, spricht der Knabe sehr verlegen,
»Ich hab' den Greis zwar nie gekannt,
  Doch, wenn Sie einen Argwohn hegen,
  So bleib' ich Ihnen gern zum Pfand!« —

»Der arme Mann« — fleht er mit Beben,
»Er spielt den ganzen Tag schon hier,
  Und kann die Arme kaum mehr heben,
  Etwas verdient er schon dafür!«

»Erbarmen Sie sich seines Lebens,
  Er bringt das Geld schon morgen her,« —
  — So fleht der Knabe, ach vergebens,
  Der harte Reiche hört nichts mehr.

»Hört«, spricht zum Invalid der Knabe,
»Ich bind' ein Sträußchen für Euch los,

's ist freilich eine kleine Gabe,
Doch dies allein besitz' ich bloß!«

Es wankt der Greis in seine Wohnung,
Wirft matt sich auf das faule Stroh,
»Ach,« — seufzt er bitter — »ohne Schonung
Behandelt man den Armen so?«

Die Nacht ging langsam ihm vorüber,
Es auf dem kalten Boden graut,
Da leuchtet wunderbar herüber
Ein herrlich, lichtes Morgenrot.

Die Leier lag zu seinen Füßen,
Und dicht das Sträußchen rosenrot,
Der schöne Kopf auf grobem Kissen:
Der brave Invalid war tot. —

Holdes Blümlein, Du willst nützen,
Auf der weiten grünen Au?
Sieh', die Sonne scheint so golden,
Und der Himmel, er ist blau!

Hohe Pläne, kühne Pläne
Werden Dir das Blut erhitzen,
Holdes Blümlein, um Dich schau:
Pläne werden meistens grau.

Röselein sich tiefer bückte,
Was das kleine Herz entzückte.
Kalter Zweifel will's ihm rauben!
»An das Schöne will ich glauben«
— Sprach es — »ob auch Blättlein sich entlauben«
Und dem Röslein alles glückte! —

Auf und nieder steigt die Welle,
Auf und nieder steigt die Nacht,
Und der Sterne Glanz und Pracht
Wechseln mit des Tages Helle.

Ew'ger Wechsel, Nacht und Helle,
Grüne Matten, dunkler Schacht,
Sprich, was stehst Du auf der Wacht,
Steigend auf die festen Wälle?

Moder, Moder aus den Grüften,
Blumendüfte in den Lüften,
Manchen Geist, ach, schwergeprüften.

Eine Welt, die Alles preist,
Was da Glanz und Schimmer heißt,
Und das Böse vorwärts reißt! —


## GEGEN DIE EINZELHAFT

Allein, allein, doch nicht auf freier Erde,
In einer Zelle engem Raum allein —
Dämonen steigen auf im düstren Schrein,
Als Ton ein Schrei, — als Bild wahnsinnige Geberde.

Nacht — Tag — Nichts — Nichts — die Zeit, sie stehet
    stille,
Das Herz steht gleichfalls still — im Innern bebt's,
Von außen — Eis und Tod — im Innern lebt's,
Im Innern kocht und bäumet sich des Menschen
    Wille.

Des Menschen Wille! Groß und Furien ähnlich,
Kleinmütig, schwach! Barmherzigkeit, ich fleh':
»Werft mich hinab in schäumend wilde See,
Nach raschem Tod, nicht nach lebend'gem Grab
    begehr' ich sehnlich.

Vom schroffen Fels stoßt mich mit Menschenhand
      hinunter!
Laßt mich dabei ein einzig Menschenantlitz seh'n, —
Ertötet nicht den Blick — die Sonne bleibt am Himmel
      steh'n,
Die Sinne, die gemordet, geh'n für immer unter!«


## GESCHICHTE

Tiefe Nacht und lange Schatten,
Ueber Land und über Meer,
Auf Europa's sumpf'gen Matten
Tanzt das Irrlicht hin und her.

Kohlengluten auf dem Herde,
Gluten in des Menschen Herz,
Der mit gleichgült'ger Geberde
Schmiedet seiner Ketten Erz.

Finst're Nacht und lange Schatten,
Tränen und Blut auf jedem Steg,
Auf Europa's grünen Matten
Geht die Schlange ihren Weg.

Und es steigen aus den Tiefen,
Mit dem greisen Haupt und Haar,
Ungeheuer, die sonst schliefen,
Lautlos naht die Schreckensschar.

Flammen zischen, Ströme brausen.
Tritt aus deinem Ufer aus,
Meer, verwüste und mit Grausen,
Unsrer Erde grünes Haus! —

## DER KONTRAST

Im feinen, weißen Spitzenkleide,
Im blonden Haar Kamelienkranz,
Steht heut Madam', 'ne Augenweide
Macht Toilett' beim Kerzenglanz.

Vier Hände sind bemüht zu schmücken
Ihr selig lächelnd Angesicht,
Ihr Dies und Jenes recht zu rücken,
Und auch die ihr'gen ruhen nicht.

Sie geht zum Ball, und dreist ich sage,
Die Frau ist reizend, wunderschön,
Daß sie gefällt ist keine Frage,
Das muß ihr selbst der Neid gesteh'n!

Wenn auch nicht eingehüllt in Flimmer,
So spielt doch ganz dieselbe Szen'
Ihr Herr Gemahl im Nebenzimmer,
Der freilich etwas minder schön.

Sehr fein ist seine Toilette,
Es glänzt der Ring an seiner Hand,
Er putzt die goldene Lorgnette,
Setzt eine Cigarett' in Brand.

Er ist schon fertig, spricht mit Würde:
»Der Wagen steht für uns bereit,
Du bist sehr schön, genug der Zierde,
Mein Kind, es ist die höchste Zeit!«

»Wie glücklich bin ich«, — ruft sie leise,
»Auch ich«, — sagt lauter ihr Gemahl,

»Es macht mich Deine Art und Weise
Sehr stolz auf meine gute Wahl!«

»Komm« — sagt er, froh an Faro denkend, —
»Dir alles, alles, herrlich steht«, —
Und seinen Kopf bedenklich senkend —
»Wir kommen wahrlich heut zu spät!«

Nur noch das Halsband von Demanten,
Nur noch die Brosche mit dem Opal,
Das Taschentuch mit den Brabanten,
Den Blütenstrauß und dann den Shawl!

Zu Ende ist die Toilette,
In Wahrheit ein possierlich Bild,
Solch' Torheitseifer um die Wette,
Stets aus beschränktem Geiste quillt.

So jung, so schön, so voller Freuden,
So voller Anmut und so reich,
So eilen nun zum Ball die Beiden,
An Eleganz sich selber gleich.

Die reichen Menschenkindchen träumen
In dem Moment von Unglück nicht,
Da sieh, sich scheu die Rosse bäumen
Vor eines Mannes Angesicht.

Ein armer Mann, die Stirn voll Falten,
Mit stierem Auge, hohler Wang',
Mit Lippen, dünnen, bleichen, kalten,
Die schon vertrocknet schienen lang.

Er stand an jener heiter'n Schwelle,
Verhungert und erstarret fast,
Der Mond beschien an jener Stelle
Das Elend unter seiner Last.

»Ich fleh'« — spricht er — »um ein Almosen,«
Und küßt der schönen Frau die Hand,

Sein schwacher Kuß zerdrückt die Rosen,
Die an des teuren Handschuh's Rand.

»Mein Freund« — sagt sie mit kalten Mienen,
Erzürnt durch diese Freveltat —
»Ich habe keine Zeit zu Ihnen!
Ob Robert etwa Kleingeld hat?«

Ihr Mann zieht nun den vollen Beutel,
Wie herrlich glänzt darin das Gold!
Doch all sein Suchen war nur eitel,
Denn wen'ges war's, was er gewollt.

»Halt, halt, gieb Etwas jenem Armen«,
— So herrscht der Herr den Kutscher an —
Des Letzteren Blick fällt voll Erbarmen
Und Grauen auf den armen Mann.

Er greift hinein in seine Taschen,
Vier Groschenstücke sind darin,
Schnell sucht er alle zu erhaschen,
Und wirft sie rasch dem Armen hin.

»Hier, Bruder, sind vier Groschenstücke,
's ist alles, was ich geben kann.«
»Und« — sagt er sanft, mit feuchtem Blicke:
»Fragt manchmal dort im Giebel an!«

Jetzt rollte fort der rasche Wagen,
Der Kutscher wischt ein Aug' sich ab:
Er denkt an all' die großen Fragen,
Die solch' Kontrast zu lösen gab. —


## DIE KNABEN

Wie Du so viel Tränen weinst!
Ziehest fort, Du lieber Freund,
Seh'n wir uns auch wieder einst?

Weit zieh' ich, weit über's Meer,
Und ob wir uns wiederseh'n:
Zweifle, zweifle ich gar sehr! —

In die Länder ziehst Du hin,
Wo's so schön und schwül soll sein?
Kennst Du auch die Kinder drin?

Nach Amerika geht's hin,
Drückend heiß soll es dort sein,
Und ein Fremdling ich dort bin!

Mach' das Herz mir nicht so schwer,
Einstens seh'n wir uns noch, ja:
Einstens kommst Du wieder her!

Laß mich schau'n Dir ins Gesicht,
Denn wenn wir uns wiederseh'n:
Kinder sind wir dann doch nicht! —


## DAS MÜTTERLEIN

Was siehst Du, Kind, im Mondenschein?
Ein Mütterlein am Wegestein,
Viel tausend Falten auf Stirn und Wang'!
Ihr scheinet ach, so weh, so bang,
Viel tausend Zähren sie leise verschluckt,
Das matte Haupt fast zur Erde gebuckt.

O, weine nicht, armes Mütterlein,
Es blinket so hell der Mondenschein!
Die gold'nen Aehren auf Berg und Tal,
Sie bücken und grüßen Dich allzumal!
Und bis auf das kleine Goldkäferlein,
Kann alles nicht schöner und prächtiger sein.

Wohl blinket so silbern der Mondenschein,
Doch düster und eng ist mein Kämmerlein,
Für mich wächst nichts auf dem grünen Feld,

Dem meine Hände den Acker bestellt!
Ach, freilich konnte es nicht anders sein,
So seufzet das arme Mütterlein.

Was siehst Du, Kind, im Mondenschein?
Ich sehe die grünen Hügelreih'n,
Die gold'nen Aehren auf Berg und Tal,
Sie grüßen und laden die Alte zum Mahl!
Die Stirne in Händen sie mächtig sinnt,
Und Träne auf Träne zur Erde rinnt.

## FANATISMUS UND GELD

Auf der Kette wohlverschlung'ner Berge
Steh'n zwei Gnomen, stolz und mächtig groß,
Tausend Riesen knie'n vor jedem Zwerge,
Ihre Arme müßig bei dem eignen Los;
Nur wenn jene Gnomen es gebieten,
Eilt die Arbeit, daß die Funken sprühten.

Jedem Zwerg ist untertan die Erde,
Krüppelhaft gestaltet sich die Welt,
Riesen wurden eine staub'ge Herde,
Vor dem Fanatismus und dem Geld, —
Geist'gen Arme schüttelt eure Kette,
Und die Gnomen gleichen Brandesstätte!

## IMMERGRÜN

Immergrün trotz Zeit und Wetter,
Pflänzchen, zart und fest und schön,
Smaragdfarben Deine Blätter,
Könntest bei den schönsten steh'n.

Denn der Freieste von Allen,
Dessen Blick man nie bestach,
Rousseau fand an Dir Gefallen,
War gerührt, wenn er Dich brach.

Wenn er Deinen zarten Stengel
Selten froh in Händen nahm,
Zagend, forschend, suchend Mängel,
Und zum Vorschein keiner kam. —

Pflänzchen, liebstes mir von allen,
Ewig bleibst Du teuer mir,
Rousseau konntest Du gefallen:
Dank für seine Freuden Dir!


## WIE IST DAS DEUTSCHE VATERLAND?

Sieh', das Haus ward mir zu enge,
Und es trieb mich in die Welt,
In des Tales dunkle Gänge,
Wo sich's wie im Traum verhält.

Rebenhügel, Tannenwälder,
Mitten hin des Stromes Band,
Schmucke Auen, Weizenfelder,
Schönes, Deutsches Vaterland!

Zu den blankgeputzten Hütten,
Droben auf der Bergeshöh',
Zog es mich mit raschen Schritten,
Und verwundert still ich steh'.

Eine Stimme ruft von innen,
Eine Stimme klar und hell:
»Guter Jüngling, geh' von hinnen,
Schreit nicht über diese Schwell'!

Steig' auf Burgen, steig' auf Zinnen,
Sieh' von außen an das Land,

Was Du sehen kannst da drinnen,
Es verwirrt Dir den Verstand.

Unsrer Hütten trübe Weise
Paßt nicht zu der schmucken Au,
Guter Jüngling, wirst zum Greise,
Und Dein Lockenhaar wird grau.«

Blümlein ranken um die Mauer,
Schön bepflanzt von welker Hand,
Und benetzt von Tränenschauer,
Grünt das Deutsche Vaterland!

## DREI SCHLAGWORTE

Wie heißt das Wort, das in der halben Welt
Man gleichbedeutend mit dem Gelde hält,
Doch mit dem Geld, das stets im Säckel bleibt,
Und schon von selbst die besten Zinsen
       treibt?
Es ist, es heißt die, die, die, die,
Die teure Bourgeoisie!

Wie heißt das Wort, das in der halben Welt
Man gleichbedeutend mit dem Elend hält,
Doch mit dem Elend — das mit wack'rem Mut
Die schwere, große Arbeit tut?
Es ist, es heißt: der, der, der, der,
Es heißet: Proletarier!

Wie heißt das Wort, das in der halben Welt
Man gleichbedeutend mit Utopien hält,
Doch mit Utopien, ähnlich Morgenlicht,

Das hell und warm zu jedem Herzen spricht?
Es ist, es ist mein Ideal,
Das große Wort, es heißt: sozial.

## MEIN RÖSELEIN

Grüß' Dich Gott, mein Röselein,
Schön und klein und sanft Du bist:
Wie sie so anmutig ist!

Röselein, gern seh' ich Dich!
Bleib' so still und lieb und rein:
Bleib' so ewig jung und mein!

Röslein mein, o denk' an mich!
Purpurrot und grün Dein Stiel:
Geist und Anmut hat sie viel!

Röslein, Dich, Dich liebe ich!
Zart drück' ich Dich an den Mund:
Nehme Abschied, bleib' gesund!

Blättlein klein, o bleibet frisch,
Ihres Zweiges dunkelgrün:
Ach, ich muß von dannen zieh'n!

Röslein, nein, es war nur Scherz:
Ewig, ewig bleib' ich Dein!
Ewig bleibst Du lieb und fein!

Röselein, o grüß' Dich Gott,
Schön und frisch und mein Du bist:
Voll mein Herz vor Freuden ist!

# DAS WUNDERLIEB
## ODER
## DIE BUCHT IN MÜCKELSDORF

Tief unten zwischen Bergen,
Da liegt ein Fischerkahn,
Den lenkt das Wundermädchen,
Die's Vielen angetan.

Ihr Aug' so blau und stürmisch,
Wie aufgeregte Flut,
Halb traurig und halb schaurig
Still auf der Gegend ruht.

Der braunen Flechten Länge,
So groß wie Schilf im Fluß,
Drauf, — sagt man, — drückt die Nixe
Allnächtlich einen Kuß.

Den Strohhut auf den Haaren,
Das Ruder in der Hand,
So fährt sie auf und nieder,
Doch niemals bis an's Land.

Die Tränen in den Augen
Der Jungfrau sind erstarrt,
Und ihre weißen Arme
Sind Marmor, kalt und hart.

Den Jüngling faßt Entsetzen:
Das Wunderliebchen fein,
Der Nachen samt dem Ruder
Und alles ist von Stein. —

Es dunkelt auf den Bergen,
Des Fischerkahn's Gestalt
Samt Jüngling und samt Jungfrau
Umschlingt die Tiefe bald.

Das schöne Wundermädchen
Samt Ruder und samt Boot,
Sind noch in Stein zu sehen!
Den Jüngling fand man tot! —

## RHOSWITA'S BILD

In stiller Klosterzelle saß
Ein ernstes Frauenbild,
Und eifrig schrieb und dacht und las
Rhoswita, sanft und mild!

Ein härenes Gewand
Bis an den Hals sie trägt,
Ein großes Tuch von Pergament
Ist vor ihr aufgelegt.

## DER POLTERABEND

Herab von seiner stolzen Veste
Lehnt sich ein Rittersmann,
Tief unten aus dem Felsengrunde
Schwingt's lautlos sich hinan.

Schwarzbraune Locken auf dem Nacken,
Rotsamtnes Prachtgewand,
Den erznen Panzer um die Hüfte,
Das Visier in der Hand.

So lehnt er an dem Erkerfenster
Im hochzeitlichen Schmuck,

Was stierst Du, Ritter, in die Tiefe,
Das Irrlicht zeigt nur Trug!

Ruht Laura nicht im stillen Grabe?
Kein Schatten kehrt zurück,
Vergiß die Schuld, zum Hochzeitsmahle
Ruft heut' Dein froh' Geschick!

Ha, immer stiert er noch herunter
Den scharfen Blick hinab.
Das Irrlicht steht an jener Stelle,
Wo sie den Tod sich gab.

Sein Grund ist leer, o weh, der Schrecken!
Was singt dort am Gestein?
Was schwingt sich hoch von Fels zu Felsen,
Im weißen Heil'genschein?

»Noch grauet nicht Dein Hochzeitsmorgen,
Noch schaust Du nicht Dein Glück,
O, harter Ritter, schau' lieb' Laura,
Ihr Schatten kehrt zurück!«

Den stolzen Ritter faßt ein Grausen,
Als er das Lied gehört,
Von Geisterarmen fortgerissen
Er in den Abgrund fährt.

Horch da, ein namenloses Poltern
Im felsigten Gestein,
Als wenn auf einmal tausend Donner
In's Burgtor schlügen ein.

D'rum soll am Abend vor der Hochzeit
Ein Polterabend sein,
Denn — heißt es — wo viel Licht und Freude
Wagt sich kein Geist hinein. —

# DER ZUSTAND DER GESELLSCHAFT

Die Erde bebte, groß, gewaltig wird ihr inn'res Wüten,
Und schwarz und finster war's und keine Sonnen glühten.

Ach, keine Blüten und kein Rauschen, und kein Frühlings-
    wehen,
Die große Nacht war düster, schauerlich mit anzusehen.

Da schallt des Donners Stimme und erweckt die stumme Nacht.
Des Blitzes Schein erhellt die Erde, die Menschheit, sie
    erwacht.

Sie öffnet halb das müde Auge, vom Schein zurückgeschreckt.
Und schläfrig bleibt die Wimper liegen, die ihr das Licht
    versteckt.

Doch durch die zarten, kleinen Härchen der große Lichtstrahl
    dringt,
Und golden es dem langen Schläfer in's trübe Auge blinkt.

Es folgt ein Blitz dem ersten Strahle, mit voller Blitzeskraft,
Die ganze Welt, sie steht in Flammen und hat sich aufgerafft.

Die Menschheit mit den edlen Zügen, sie sieht den jungen Tag.
Und macht sich auf vom finster'n Lager, wo sie im Schlafe lag.

Noch fühlt sie nicht den Rausch der Wonne, sie schreckt
    die Gegenwart,
Sie fühlt sich schwach, denn sie ist feige und ahnt,
    was ihrer harrt.

Sie konnt' das Finstre ja nicht schauen, was tat es ihr zu Leid?
Jetzt sieht sie es, vom Licht erhellet und sieht es weit und breit.

»Ich soll die Finsternis verscheuchen«, so ruft der Mensch
    und weint,
Die Finsternis wird groß und größer, je näher sie erscheint!

Ich will ihr nicht in's Auge sehen, der schwarzen Höllenbraut! —
In diesen Abgrund, der verzehret, wenn man hinunterschaut! —

Die Menschheit möchte wieder schlafen, und drückt ein Auge zu,
Doch auch im Herzen brennt die Flamme und ihr wird keine
    Ruh'!

## DIE TSCHERKESSEN

Sieh', drei Reiter, glänzend, prächtig,
Wie sie nur im Traume!
Scharlachrot auf schwarzen Rossen,
Und mit gold'nem Zaume.

Schwarz und golden, herrlich flimmert's,
Wie sie blitzschnell eilen.
Funken stäuben gleich Raketen,
Und es schwinden Meilen!

Purpurfedern auf Baretten,
Dolche an den Seiten,
Schienen sie die schnelle Runde
Um die Welt zu reiten.

Und die Rosse, wie arabisch
Ihre Blicke leuchten,
Wie die glänzend schwarzen Haare
Helle Tropfen feuchten!

Dreimal kam die Nacht gezogen,
Dreimal sah man's tagen,
Und noch immer Rosseshufe
Samt den Herzen schlagen.

Dreimal kam die Nacht gezogen,
Dreimal sah man's tagen,
Und es konnten Feuerkugeln
Sie noch nicht erjagen!

Nächtlich sieh' im Mondenscheine
Die drei Reiter knieen.
Brück' und Wasser hinter ihnen
Eine Linie ziehen.

In dem Grenzort auf dem Berge
Steht des Marktes Menge,
Und Bewunderung, Staunen, Rührung,
Wechseln im Gedränge:

Seht ihr, seht ihr die Tscherkessen,
Herr Gott! wie die reiten!
Feuer sprühen ihre Blicke
Hin nach allen Seiten!

Sie entfloh'n aus tiefen Reußen,
Heldenmut im Blute, —
So tönt's in des Volks Geflüster —
»Wie den' auch zu Mute?« —

Vor des Preuß'schen Rathaus Schwelle
Stehet die Behörde,
Und die Reiter, heiß und glänzend,
Ruhen auf der Erde.

Ihre Zeichen, ihre Mienen,
Blicke, freudetrunken,
Streicheln sie die präct'gen Rosse,
Wie im Traum versunken.

Ihre Zeichen, ihre Mienen,
Ihre dunklen Worte,
Sie enträtselt halb ein Dolmetsch,
Tief gerührt am Orte.

»Wir Cirkassien's freie Söhne
In der Sklaven-Ferne
Hörten rühmend eure Freiheit,
Dienten Freien gerne!

Durch des höchsten Gottes Fügung
Nun auf freier Erde,
Flehen wir zum freien Preußen,
Daß uns Hilfe werde!

Dreimal vier und zwanzig Stunden
Ohne Rast geflohen,
Bieten wir uns, uns're Schwerter
Euch an voll Vertrauen!

Dreimal vier und zwanzig Stunden
Ohne Rast geritten,
Wir um edle, große, deutsche
Gastlichkeit nun bitten! —«

Aus klangen ihre Worte,
Und mit starrem Munde
Still vernahm des Ortes Vorstand
Diese selt'ne Kunde.

Selbe Nacht noch, sieh', pechfinster,
Trotz des Vollmonds Lichte,
Lautlos durch die tiefe Stille
Lauschet die Geschichte.

Horch, zwei preußische Schwadronen,
Die Tscherkessen mitten,
Ziehen auf dem dunklen Boden
Hin mit festen Tritten.

Wieder sieht man durch die Gegend
Rosseshufe sprühen,
Brück' und Wasser diesmal ihnen
Vorn die Grenze ziehen.

Horch, da öffnet sich der Schlagbaum,
Und am Brückenkopfe
Nicken durch die hohle Öffnung
Russen mit dem Kopfe.

Dumpf Gemurmel vom Kartelle,
Freundschaft, — ungeschwächte, —
Und man liefert unsere Helden
An Kosakenknechte!

Düster graut der vierte Morgen,
Einzeln leuchten Sterne,
Russen bilden einen Halbkreis,
Wetter leuchten ferne.

Düster flimmern die Laternen,
Donner westwärts grollen,
Von der Helden Haupt, gebücktem,
Große Tränen rollen:

Niederknien alle Dreie,
Und vom Regimente
Dreimal tönt die russ'sche Salve,
Daß die Erde dröhnte!


## DER MISANTHROP

O Einsamkeit, Du stilles Land,
Der Träume und des Friedens Du,
Die Dankbarkeit mich dir verband,
Dir dank ich meine süße Ruh'!

Du gabst mir wieder alles das,
Was ich verloren hielt,
Die Liebe, die ich schon als Haß
In meiner Brust gefühlt.

All das, was Edles ich geglaubt,
Dir dank' ich's nun allein,
Den Glauben mir nun Keiner raubt,
Denn einsam will ich sein!

Wer weiß, ob nicht in jener Welt
Ein Geist wird einsam sein,
Ob jedem Geist nicht eine Welt
Beschieden auch wird sein.

Es lebe stille Einsamkeit!
Du gabst mir süße Ruh!
Ich weihe mich der Dankbarkeit,
Mein einz'ger Freund sei'st Du!


## WIRKLICHKEIT

Grüne Matten, Staub und Asche,
Menschenauge, schön und groß,
Ist es wahr, daß solchem Glanze
Drohet der Vernichtung Los? —

O verwesen und vernichten!
Doch Vernichtung ist es nicht,
Nur verpuppen wie die Raupe
Soll der Mensch sein Angesicht.

Sag', was ist Dir, süßes Kindchen,
Und was widert jetzt Dich an?
Macht's die Aehnlichkeit der Raupe,
Daß Dir geht ein Ekel an?

Süßes Kindchen, Menschenräupchen,
Mach' kein bitterbös Gesicht,
Und verbitt're drum das Leben
Deinen Mite-Raupen nicht. —

# FERNWEH

Gold'ne Sonne mit den Strahlen,
Komm und nimm mich an Dein Herz
Und von Deinem Licht getragen,
Steige mit mir himmelwärts!

Zeige mir dort Deine Wesen,
Deinen großen Wunderraum,
Und damit ich's nicht verrate,
Laß mich's schauen wie im Traum!

Oder nimm mich in die Höhe
Nur eintausend Meilen fern,
Daß ich ihn von dort aus sehe:
Unsern kleinen Erdenstern.

## UFERGEMÄLDE

Es heulet der Sturm,
Es tobet die See,
Es peitschen die Wellen
Die See in die Höh'.

Es steuert ein Fahrzeug
Am seegrünen Strand,
Es steiget die Mannschaft
Mit Beben an's Land.

Ein Weib ist dazwischen,
Das Kind auf dem Arm,
Drückt's fester und flehet:
Daß Gott sich erbarm'!

Gerettet, bewahret
Von göttlicher Hand,
Bewahrt vor dem Abgrund,
Der Tiefe Gestrand.

Am Ufer ich bete,
Mit Blumen geschmückt,
Mein Kind, es ist eisig,
Mein Haupt ist gebückt.

Tot! Tot — sie es sagen,
O Vater, o nein,
Du lässest nicht halb nur
Gerettet uns sein!

Es schloß in den Fluten
Die Aeugelein zu,
O rettender Gott,
Gelobet seist Du!

Belebe mein Kindlein,
Mein Herz und mein Blut,
Sonst wollte ich lieber
Hinab in die Flut;

Zurück in die Tiefe,
In Wassers Gewalt,
Wo unser Notschuß
In Klüften verhallt.

Das Auge sie hebet
Zum Himmel empor,
Da schlaget, horch plötzlich
Ein Schrei an ihr Ohr.

Ei, sieh da, das Kindlein,
Das Kind ist erwacht,
Sein Mund hat geschrieen,
Sein Aug' hat gelacht!

Es sinkt in die Kniee
Die Mutter am Strand,
Und rufet ganz trunken:
O sehet doch Gottes Hand!

Die Männer, sie wenden
Verwundert sich um
Und geben das Kindlein
Die Runde herum.

Sie heißen es Jeder
Willkommen am Land!
Und murmeln dazwischen:
O sehet doch Gottes Hand!

## DIE HEIMCHEN

Hörst Du, wie die Heimchen zirpen?
Wird es Dir nicht heimlich so?
Ist es nicht, als wenn Dir riefen
Freundesstimmen irgendwo?

Düst're Nacht im Krankenzimmer,
Stürme draußen, Stürme drin,
Feuersbrunst am dunklen Himmel,
Heiße Glut um Herz und Sinn.

Sehnend mich nach neuer Schöpfung,
Mich nach ros'gem Morgenlicht,
Saß ich still beim Lampenscheine,
Kummer in dem Angesicht.

Horch da, plötzlich Heimchen sangen,
Traulich, heimlich ward es so,
Als wenn Freundesstimmen riefen,
Tröstend, hoffend irgendwo!

Heimchentöne, Heimchenworte,
Klangvoll fing's zu sprechen an:
»Wer die Kehlchen singen lehrte,
Der auch Heilung schaffen kann!«

## DER BARDE

Für eine Dame, schön und hold,
Für Minnetreu und Minnesold,
Des Barden höchstes Gut,
Verspritzen wir das Blut.

Der Barde liebet Ehr' und Recht,
Er ist der Erste im Gefecht,
Für Mortimer von Lewellyn*
Bis in den Tod die Barden zieh'n.

Für Wales, unser Vaterland,
Gesegnet schön von Gottes Hand,
Für seine Berge und grüne Seen
Die Barden alle für Einen steh'n.

## AM RHEIN

Auf Bergeshöh'
Den Pfad entlang,
Auf off'ner See
Beim Harfenklang.

Im Frührotschein,
Bei blauer Luft,

* *Bis zur 6. Auflage:* Der letzte der selbständig
regierenden Fürsten von Wales.

Am Rhein, am Rhein
Beim Blumenduft.

Im Himmelsraum
Den Vögelschwarm,
Im Hirn den Traum,
Ganz sonder Harm.

Im Abendrot
Das Tal hinab,
Und dann, dann tot,
Allein im Grab.


## DIE JUDENKIRSCHE

(Physallis Alkekengi)

Ein kleines, ernstes Bäumchen
Streckt seine Zweige aus,
Es ließ nicht gern sich essen,
Und Haß war drum sein Los!

Hellrot sind seine Früchte,
Die Blüten weiß wie Schnee,
Es zeuget die Geschichte
Von Bäumchens Schmerzensweh!


## SYMPATHIE UND ANTIPATHIE

O, menschliche Wohlfahrt und menschliche Freiheit,
Euch Beide die Seele mit Liebe umfaßt,
O menschliches Elend und menschliche Bosheit,
Wie seid ihr mir beide so tief doch verhaßt.

Und sollt' ich die Ersten auch niemals erblicken,
Und schlügen die Letzten mir stets ins Gesicht,
Ich häng' an den Ersten mit ew'gem Entzücken,
Im Leben verlocken die Letzten mich nicht! —

# DAS SCHEINTOTE KIND

Stürmisch finst're Nacht
Kind im Grab erwacht,
Seine schwache Kraft
Jäh zusammenrafft.

Machet auf geschwind,
Ruft das arme Kind,
Sieht sich ängstlich um:
Finster ist's und stumm.

Ueberall ist's zu
»Mutter, wo bist Du?«
Stoßet aus den Schrei,
Horchet still dabei;

Und in seiner Qual
Klopft es noch einmal,
Sieht sich grausend um:
Finster ist's und stumm.

Streckt die Aermlein aus,
Hämmert schnell drauf los,
Ruft entsetzt und laut
»Hört, ich bin nicht tot!«

Lehnt sein Haupt am Arm:
Daß sich Gott erbarm',
Lebt man ewig so?
Und wo stirbt man, wo?

Ach, man hört mich nicht,
Gott, ach nur ein Licht!
Sieht sich nochmals um!
Finster bleibt's und stumm.

Stier und starr es tappt,
Und am Sarg es klappt,
Horch, da strömt sein Blut
Durch des Nagels Hut;

Aus dem warmen Quell
Sprudelt's rasend schnell:
Endlich stirbt das Kind,
Froh die Engel sind!

Stürmisch ist die Nacht,
Blätter rauschen sacht,
Niemand sah sich um:
Finster blieb's und stumm!

## LOGIK

Es hört ein wack'rer Kriegersmann
Sich dies Geschichtchen einmal an,
Dem Tod konnt' er ins Antlitz sehen,
Doch jetzt im Aug' ihm Tränen steh'n.

Ein Leichenhaus, ein Leichenhaus,
Ruft er aus vollem Halse aus,
Wir wollen nicht auf bloßem Schein
Beseitigt und begraben sein!

Wir wollen, alle Wetter auch,
Nicht halten an dem dummen Brauch,
Daß man mit uns zu Grabe rennt,
Als wenn man's nicht erwarten könnt'!

Fürs Denkmal haben Gelder wir,
Und um Lebend'ge handelt's hier!
Man sühnt wohl solche Grausamkeit
Nicht mehr in aller Ewigkeit.

Für Tänzer giebt es Raum und Zeit —
O, tiefbetörte Menschlichkeit!
So lang' nicht Leichenhäuser sind,
Seid Alle Ihr so schlecht als blind! —

## NATUR UND MENSCH

Es blinken die Sterne hinab auf das Moos,
Es regt sich das Blättlein im Moose,
Im Schatten der Palme dort riesengroß,
Dort wächst eine purpurne Rose:
O Blättlein mein, so frisch und so klein,
O duftiges, purpurnes Röselein!

Es blinken die Sterne hinab auf das Moos,
Es hüpfet ein Vöglein im Moose,
Im Schatten der Palme dort riesengroß,
Erblühet die Wundermimose:
O Röslein mein, Mimöslein mein,
Und lustiges, hüpfendes Vögelein.

Es blinken die Sterne hinab auf das Moos,
Es birgt ein Gesicht sich im Moose,
Ein weinend Gesicht und riesengroß
Die Träne, allüberall große: —
Und Träne und Blut bis zum Himmel reicht
Und alle die Schönheit verschwindet, erbleicht.

# PONIATOWSKY

Ich saß am Fuß des Berges
Und träumte mancherlei,
Die kleine, frische Elster,
Sie plätscherte vorbei.

Was hast Du zu erzählen,
Du schmales Silberband,
Was wir nicht schon gehöret,
Was uns nicht schon bekannt?

Was Dir bekannt geworden
Durch der Geschichte Mund,
Das waren bunte Muscheln,
Doch Perlen beut mein Grund.

Ich saß am Fuß des Berges,
Und träumte mancherlei,
Die kleine, frische Elster,
Sie plätscherte vorbei.

Komm her, laß Dir erzählen,
Du fremdes Menschenkind,
Einstmalen Roß und Reiter
In mir versunken sind.

Versteh' mich recht, dem Polen
Die Hoffnung gänzlich sank;
Er stürzt sich in die Tiefe, —
Es hieß: daß er ertrank;

Er lebt in meinen Fluten,
Singt nächtlich einen Sang,
Wie ein Gebet so klingt es,
Doch traurig, weh und bang;

Er lebt in meinen Fluten
Und weint um's Vaterland,
Die Tränen werden zu Perlen,
Man fischt sie an das Land.

# DAS MÄDCHEN AN DER DONAU

## Genrebild

Frischer strahlt im Morgenglanze
Uns're junge Erde noch,
Und das Mädchen pflückt zum Kranze,
Klettert auf der Berge Hoch.

Schön ist's auf der Berge Rücken,
Schön im schatt'gen Talesgrund,
Und es lächelt voll Entzücken
Still des Mädchens kleiner Mund.

Auf der Höhe steh'n noch Reben,
Von der Trauben Zahl gebückt,
Und ein Körbchen dicht daneben,
Dem das Mädchen näher rückt.

Schnell sie's faßt, und stecket denkend
Von den Beeren in den Mund,
Und das kleine Köpfchen senkend,
Blickt sie abwärts in den Grund.

Bricht noch saft'ge Trauben viele,
Voll gepflückt schon's Körbchen steht,
Doch sie ist noch nicht am Ziele,
Still und rasch sie weiter geht.

Zu dem Strome, der hinunter
In die weite Eb'ne eilt,
Unser Mädchen, rasch und munter,
Gern beim wilden Strom verweilt.

Heller strahlen ihre Blicke,
Fröhlich färbt die Wange sich,
Und auf ein'ge Augenblicke
Setzt das wilde Mädchen sich.

Stiert hinunter in die Welle,
Stiert hinunter in die Flut,
In den Augen spiegelhelle,
Eine schöne Träne ruht.


## DAS ROTE BLÜMLEIN

Ein rotes Blümlein auf grüner Au,
Ein kleines Wölkchen an Himmels Blau,
Ein feines Mägdlein im leichten Kahn,
Es eilet, es eilet die Flut hinan.

Das Blümlein zittert auf grüner Au,
Das Wölkchen am Himmel wird schwarz und grau,
Das Mägdlein bebet im leichten Kahn,
Und mächtiger eilet die Flut hinan.

Das Blümlein zerstoben auf grüner Au,
Das Wölkchen verschwunden am himmlischen Blau,
Das Mägdlein versunken im leichten Kahn,
Es steiget die Flut die Höhen hinan.

Was stürmst Du, Flut, den Himmel hinan,
Was willst Du, gräulicher Wassersmann? —
O stolzer Knabe, sei ruhig, sei still,
Dein Spiel und Dein Traum und Dein Lieb ich will! —

Mein Spiel ist hin, und mein Traum ist hin,
Was kömmt Dir, Du törichter Mann, in den Sinn?
Mein Lieb lebt unter der brausenden Flut,
Und nimmer verlischt uns're Liebesglut.

Das rote Blümlein, das war mein Spiel,
Dem Wölkchen am Himmel traut' ich so viel,
Dem Mägdlein folgte mein ganzes Herz,
Durch Hütte und Kerker und Not allerwärts.

Und schlägt die Woge auch über ihm her,
Das Mägdlein erstehet aus Nacht und Meer,
Ich seh' es behalten so wohl auf dem Grund
Als wie es mir nah' vor den Augen stund.


## DER DEUTSCHE TRIBUN

Es stand ein zierlicher Jüngling
Auf einem Hügel von Stein,
»O dürfte ich«, — rief er, »hinüber,
Hinüber bis über den Rhein!«

Die Welle zu meinen Füßen,
Da drüben den deutschen Grund!
So steh' ich, mich sehnend am Ufer
Tagtäglich zu jeder Stund'!

Ich bin der echteste Deutsche,
Verbannet, doch ohne Grund,
Ein Deutscher schon tausend Jahre! —
Und spöttisch lächelt sein Mund.

Ein Deutscher, trotz brauner Locken,
Der Falte inmitten der Stirn,
Dem trüben und bleichen Antlitz,
Und meinem so glühenden Hirn.

Wer war's, der sich so sinnig
An jenen Felsen gelehnt,
So wahrhaft sich und innig
Nach Deutschland hat gesehnt?

Er war's, der wackre Börne,
Der Meister vom Rechtsgefühl —
Der Deutschland ernsthaft liebte
Mit heißestem Pflichtgefühl!

Den Deutschland einstens verstoßen,
In Deutschland einstens verpönt,
Und der sich drum nicht minder
Nach Deutschland hat gesehnt.

## DIE JAGD

Hell der Himmel ist erleuchtet,
Sonnenstrahlen hin und her,
Frischer Tau den Rasen feuchtet,
Silbern glänzt das Jagdgewehr.

Eine Jagd ist's! Blutig jagend
Eilt der Jäger durch den Wald,
Für das Böse Alles wagend,
Mordruf weit und breit erschallt!

Aufgescheucht flieh'n junge Rehe
Von dem blut'gen Schauplatz fort,
Doch der Jäger Todesnähe
Eilet nach von Ort zu Ort.

Mit der Hast, dem wilden Grimme,
Der das Böse gern beschönt,
Der betäubend jene Stimme
Ernsten Mahnens wild verhöhnt.

Bei dem blut'gen Reh daneben
Steht der Schütze, blutig rot:
»Räche Gott, mein schuldlos Leben« —
Fleht das Tier vor seinem Tod.

Trotzig glänzt des Waidmanns Miene
Bei des jungen Rehes Blut,
Und es war, als wenn's ihm schiene
Heute hätt' er Glück und Gut! —

»O, daß ich den Bock erwische«
Und so stürzt er rasend fort,
Und bleibt hängen im Gebüsche,
Fremdes Roß, es tummelt dort;

Schleift den Jäger zu der Haide,
Wo das Tier getroffen liegt,
Still am Boden liegen Beide,
Schuldlos Reh hat obgesiegt!

Endlich macht es eine Runde,
Endlich steht das wilde Roß,
Doch in selbiger Sekunde
Geht des Jägers Büchse los!

Jäger schaut's mit stierem Blicke,
Schmerz durchzuckt sein Angesicht:
Jäger, traue Deinem Glücke,
Deiner wilden Jagdlust nicht! —

## AMERIKA

Amerika, Du Land der Träume,
Du Wunderwelt so lang und breit,
Wie schön sind Deine Kokosbäume,
Und Deine rege Einsamkeit!

Mit Deinen blau und roten Vögeln,
Mit Deinem stolzen Blumenheer,
Mit Deinen tausend Schiff' und Segeln,
Von denen voll Dein weites Meer.

Mit Deinen smaragdgrünen Blättern,
Mit Deiner duftig kühlen Nacht,
Zu nah'n Dir auf des Schiffes Brettern,
D'ran hab' als Kind ich schon gedacht!

Trotz Deiner prächtig bunten Schlangen,
Trotz Deiner heißen Sonnenglut,
Gilt Dir mein eifriges Verlangen,
Das mächtig nun und nimmer ruht! —

## DAS WÄLDCHEN

Ein Wäldchen sich erhebt,
Sproßt fröhlich himmelan,
Ob unser eins noch lebt,
Wenn einst die Axt daran?

Man pflanzt den Berg mit Wein,
Der Muskateller bringt;
Ob wir noch lebend sein,
Wenn er im Becher blinkt?

Ein Rosenknöspchen blüht,
Und morgen auf es bricht,
Ob es mein Aug' noch sieht,
Weiß Gott, ich weiß es nicht!

## GEGEN DIE VIVISEKTION

Ein unbekanntes Band der Seelen kettet
Den Menschen an das arme Tier,
Das Tier hat seinen Willen — ergo Seele —
Wenn auch 'ne kleinere als wir.

Ein Mensch, mißbrauchend die Gewalt und Stärke,
Ein lebend Herz zerreißend — wie?
Wer gleicht denn hier dem wilden Tiere,
Ist es der Mensch, ist es das Vieh?

Welten Chaos, Menschen Chaos,
Chaos in des Menschen Brust,
Heil'ge Liebe, glühend Hassen,
Düstrer Gram und heit're Lust!

Wie es lodert, wie es flammet,
Finstre Wolke, schwanker Kahn,
Heilger Mut und süßes Hoffen:
Bleibet in dem morschen Kahn.

## WOLLTE GOTT

Die dunkelgrünen Tannen
Auf grünem Rasenland,
Darüber Sonnenstrahlen
Und Himmel ausgespannt.

Die Sonne ist gesunken,
Die Senner gehn nach Haus,
Zerlumpte, bleiche Leute,
Sie sehn gespenstig aus.

Ihr schönen grünen Tannen,
Ihr glänzt im Abendrot,
O wollte Gott, es hinge
An euren Zweigen Brot!

## WAS IST DAS BESTE?

Ein Liedlein tönt von Ferne:
Was ist das Liebste Dir? —
Die Augen und die Sterne,
Sie sind das Liebste mir.

Ein Liedlein tönt von Ferne:
Was ist das Schönste hier?
Das Schönste und das Liebste,
Das ist der Himmel mir! —

Und sprich, was ist das Größte
Und Allertreu'ste Dir? —
Das Größte ist der Glaube,
Das Treu'ste Tugend mir.

Und weiter tönt es ferne:
Was ist das Beste hier?
Das Beste ist die Mutter,
Das Allerliebste mir!

Kennst Du das Land,
Wo die Lianen blüh'n
Und himmelhoch
Sich rankt des Urwalds Grün?
Wo Niagara aus den Felsen bricht,
Und Sonnenglut den freien Scheitel sticht? —

Kennst Du das Land,
Wohin Märtyrer zieh'n,
Und wo sie still
Wie Alpenröslein glüh'n?
Kennst Du das Land, kennst Du es nicht?
Die zweite Heimat ist's, so mancher spricht!

# FEST-ROMANZE

Reich bekränzet glänzt die Stadt,
Bunte Fahnen, Flaggen wehen,
Ehrenpforten blühend stehen,
Und des Fürsten Stirn ist glatt.

Gases Flammen, wie im Traum,
Böllerschüsse und Raketen
Macht die Gegend rings erröten,
Und das Jauchzen endet kaum.

Ueber'm Knotenstock gebückt,
Steht ein Greis mit langen Haaren,
Düster seine Züge waren:
»Tor und Toren sind geschmückt.« —

Spricht er lächelnd — »doch fürwahr,
Ehrenhafter würd' es klingen,
Würde dir ein Vivat bringen
Unsrer Bettler große Schar!«

# ATHEISMUS

Es gleitet das Schiff durch pechschwarze Klippen,
Schon gähnt es der bannende Abgrund an, —
O wollte die Mannschaft den Himmel erblicken, —
Der Himmel allein sie erretten kann.

Nichts and'res kann retten — sonst hüllen die Sterne
Euch weinend das Haupt und strahlen euch nicht —
Und Wetterwolken bedecken am Tage
Der heitern Sonne weitreichendes Licht. —

Auch außer dem Meere, im eigenen Herzen
Beginne der Kampf um das Ja und das Nein —
Um Höhe und Tiefe, um Helle und Dunkel,
Um höheres oder niederes Sein. —

Um Leben für immer, um Sterben für immer —
Um ewigen Unsinn und ewigen Zweck —
Verlöscht nicht das Licht bei der finsteren Brandung —
Das Schiff uns'rer armen Menschheit ist leck.


## STIMMUNG

Düster liegt die Welt mir da,
Wie ein ödes Meer,
Und der Abgrund ist so nah,
Und er reizt mich sehr.

Drin vergessen und versenken,
Selbst das Schöne mit,
Nichts mehr fühlen, nichts mehr denken,
Erde, wir sind quitt!

Keine Lust ist's, keine Wonne,
Aber mehr als Das,
Keinen Schatten, keine Sonne, —
Keine Lieb', kein Haß! —

Denn im Nichts die Freiheit lieget,
Nicht Notwendigkeit —
Und von fern es schon besieget
Alles »Muß« und Leid.

Düster liegt die Welt mir da,
Wie ein ödes Meer,
Aller Welten End' ist nah',
Und es reizt mich sehr.


## KANARIENVÖGLEINS TRAUM

Es bettet sich das Vögelein
In seinen eignen Flaum,
Es hüllet sich das Köpfchen ein,
Und träumt den schönsten Traum.

Vom blauen Himmel lebenslang,
Vom dunkelgrünen Hain,
Von seinem eigenen Gesang,
Harmonisch klingend, rein.

Von einer schönern, bessern Welt,
Bei stetem Sonnenschein,
Aus Morgenrot gewebt ein Zelt,
Darunter Groß und Klein.

Des Sängers gleichgestimmte Brust,
So treu und hochgesinnt,
In Wonne, überirdscher Lust,
Vereint die Sänger sind.

Ein schön Duett, so kühn und zart,
Wird aufgeführet bald,
Kein einz'ger Mißton, rauh und hart,
Aus ihren Kehlen schallt.

Nur Himmelslicht, Gerechtigkeit,
Nur Klarheit, — Himmels Bild,
Verschwunden Unbill, Neid und Leid,
Nur Englein strahlend mild.

Kanaria's Flug, Kanaria's Traum,
Im Himmel Sieben schwebt,
Erwachend aus dem eignen Flaum
Das Vöglein sich erhebt.

Des Käfig's Wand, des Käfig's Luft!
— Das Vöglein faßt sich schnell:
Die Wirklichkeit ist enge Kluft,
Der Traum ein Lebensquell.

# FRAUENBILD

Auf dem weichen, grünen Rasen,
Kniet ein Frauenbild,
Ihre Arme gegen Himmel,
Lächelt sie so mild.

Sanft sich ihre Lippen regen,
Lispeln hörbar kaum,
Ihre Blicke schweifen trunken
In des Himmels Raum.

»Großer Gott, Du hast willfahret
Meinem still' Gebet —
Großer Gott, nur Dank und Freude
Sei vor Dir gefleht!«

Englein steigen auf und nieder,
Und der Morgen graut,
Und das Herz der Jungfrau bebet,
Und die Rose taut.

Einen Blick noch zu dem Himmel,
Einen Dankesblick,
Einen Blick erhabener Klarheit,
Ruh' und Seelenglück.

Und das Haupt die Jungfrau birget
In dem weichen Gras,
Andachtsschauer hebt die Seele,
Und ihr Aug' wird naß.

»Gieb mir eins noch, Gott der Gnade,
Laß mich dankbar sein,
Treu und dankbar, Gott der Gnade,
Und mein Herz bleib' rein!«

Wißt ihr wohl, wer so erglühet
Sprach das Dankgebet?
Die's gewesen, lieber Leser,
Selber vor Dir steht.

Unbegriffen, unverstanden,
Seh' ich sehnsuchtsvoll mich um,
Fragend all' das Welten Chaos:
Und das Chaos bleibet stumm.

O erkläret mir das Rätsel
Der umringenden Natur,
Zu den Wundern zeiget, gebet
Mir nur eine einz'ge Spur!

## DER LEUCHTTURM

Ein Morgen, ein schöner Morgen bricht an,
Ein Morgen voll goldener Sonnen!
Es reifen die herrlichsten Früchte alsdann,
Von ewiger Dauer umsponnen.

Ein Morgen, ein schöner Morgen bricht an,
Ein Morgen voll goldener Sonnen,
Wann bricht er, wann bricht jener Morgen an,
Dess' Morgenrot noch heut nicht begonnen?

Der Morgen, der golden dem Weltteil gleicht,
Entdeckt in großen Gedanken,
Der mutige Denker, der ihn kühn erreicht,
Er trat mit der Welt in die Schranken.

Der Morgen, der goldne, dem Leuchtturm gleicht,
Erspähet auf brandigen Wogen,
Ob Brandung das Schiff, das Schiff ihn erreicht —
Das Licht, es hat nimmer gelogen!

Die Nacht ist da und die Brandung ist da,
Der Leuchtturm, er strahlet von Ferne,
Ob wir uns ihm nahen, ihn sehen von nah —
D'ran zweifle ich — Gott weiß es — nicht gerne!

Doch, daß ihn dereinst — ja, daß ihn dereinst
Das Schifflein noch jubelnd begrüße, —
O künftige Mannschaft, ich weiß es — Du weinst —
Alsdann erst die Träne, die süße.

Der früheren, vorigen Mannschaft geweiht,
Die strandend das Licht noch erblickte;
Das herrliche Licht der Brüderlichkeit,
Trotzdem sie die Finsternis drückte.

## DIE ZUGVÖGEL

Lieben Vöglein, singet ihr,
Was und welches Lied?
Ob vom kalten Norden hier,
Ob vom heißen Süd?

Ob von Schneelawinen nur,
Wo die Raben schrei'n,
Oder wo auf Kaktus Flur
Kolibri's gedeih'n?

Ob wo Eichenblätter weh'n,
Herbstlich rosenrot,
Oder wo auf Baumes Höh'n
Wächst das Wunderbrot?

Heißer Süden, kalter Nord,
Sag't, wo's besser ist,
Sag', mein Vöglein, sag' auf's Wort,
Wo Du lieber bist!

## AM SCHEIDEWEGE

Weicher wurden meine Saiten,
Ernster ward mein Blick,
Sprich, wie soll ich Dich mir deuten,
Rätselhaft Geschick?

Bessere Gefühle ringen
Sich in meiner Brust,
Besserem wird schwer Gelingen —
Schadenfrohe Lust!

Nicht mehr grad' wie Pol zum Pole
Fass' ich's im Begriff,
Von dem Scheitel bis zur Sohle
Gleicht's unsichrem Schiff.

Aus dem positiven Grunde
Ward ein Frührotschein,
Trau' mein Urteil kaum dem Munde,
Könnte irrig sein.

Als da leuchteten die Sterne,
Holden Glückes Schein,
Fand' ich in der weitsten Ferne
Jeden Punkt allein.

Wie mit Seherblick begabet,
Traf ich Alles recht,
Ob ihr Falsches, Böses gabet,
Kannt' es gleich für schlecht!

Helle Sterne untergingen,
Dunkel mich umgiebt,
Wolken lagern auf den Dingen,
Kenn's nicht, was mich liebt.

Kann es schwer nur unterscheiden,
Was da falsch, was echt, —

In der Finsternis der Leiden,
Wird das Auge schlecht.

Kehret wieder, gold'ne Sterne,
Holden Glückes Schein, —
Daß ich finde in der Ferne
Jeden Punkt allein.

## ZUR ERINNERUNG

Vergißmeinnichtblüten
Zu pflücken am Strand,
Dem Bächlein gebieten
Mit kindischer Hand!
Den Nachen zu lenken,
Und wieder zurück,
Die Blüten verschenken
Mit großmüt'gem Blick.
Das waren die Spiele,
Das kindliche Glück,
O, ruft mir Gefühle
Der Kindheit zurück!

## VOGELIN-PRINZESS

Es war einmal ein Vögelein,
Kanaria von Geschlecht,
Es war so schön, so gelb, so fein,
Wie's Vögeln eben recht.

Doch ach, das arme Vögelein
Im goldnen Käfig saß,

Und mit den kleinen Aeugelein
Den großen Himmel maß.

Ein frecher Sperling flog vorbei
Und sang ihr zum Exzeß:
»Ich lieb' Dich bis zur Raserei,
O, Vogelin-Prinzeß!«

»O, Vogelin, Dein Köpfchen klein
Gefällt mir gar zu gut!«
Da kocht des stolzen Vögelein
Kanarisch heißes Blut!

»Ich mag Dich nicht, ich brauch' Dich nicht,
Mir ist nach Dir nicht bang,
Wohl sehn' ich mich nach Himmelslicht,
Und nach des Künstlers Sang!«

Doch nach des frechen Sperlings Lied
War mir noch niemals bang,
»Denn — singt sie himmlisch — nie erglüht
Mein Herz bei niedrem Klang!« —

Selbst noch eine Menschenblüte,
Trug ich Kummer im Gemüte,
Groß genug für eine Welt.

Jeder Wahn, der sie betörte,
Den sie — grausam — hoch verehrte,
Diese kleine Menschenwelt. — —

Sieh, er ward in mir zur Wunde,
Schmerzend, blutend jede Stunde,
Immer tiefer dringend ein. —

Fremdes Leid und eigne Schmerzen
Trug ich in dem weichen Herzen,
Wandte aufwärts meinen Blick:

Helfen wollt' ich, lindern, retten,
Glück an dieses Weltall ketten,
Rosig bilden sein Geschick.

Solche Freuden, diesen Segen,
Betend sich die Lippen regen,
Gott mich's ahnen ließ! —

## INNERE STIMME

Der sonnige Morgen, der bläuliche Teich,
Die lockigen betaueten Reben,
Sie spiegeln mir wider, an Reizen so reich,
An Wundern, das herrliche Leben!

Den Gott im Herzen, die eherne Macht, —
So wandle ich voll Hoffnung auf Erden,
Es spricht in mir laut, die Allmacht sie wacht,
Die Hoffnungen werden Dir werden.

Nur allein kann ich erstarken,
Nur allein sprießt mir die Kraft,
Tret' ich in des Kampfes Marken,
Mit des Mutes Eigenschaft.

Sag' ich los mich jenem Jammer,
Jenem tiefen Seelenweh,
Gürte meine Lenden strammer
Und gepanzert fest ich steh'!

Fest wie eine Memnonsäule,
Unter mir den Staub der Welt,
Ob mein Blick auch drauf verweile —
's ist der Blick von einem Held.

Fest wie eine Memnonsäule,
Schwarzer Marmor ist mein Kleid,
Doch nicht müßig ich verweile,
In der Wüsten Einsamkeit.

Pflegend nicht wie jener König
Von Aegypten, feiger Ruh,
Der ist gar nichts oder wenig,
Der dem Bösen siehet zu. —

In die Enge, in's Gedränge
Stürz' ich mich mit lautem Klang,
Singe vor der ganzen Menge
Ew'ger Wahrheit großen Sang.

Willst Du nach den Sternen fragen,
Werden sie Dir Antwort sagen?
Schönheit freilich ist es nicht,
Was nur aus dem Staube spricht.

Schön ist nur das Große, Reine,
Meer und Feuer, Sonnenscheine,
Schön ist auch Vergißmeinnicht.
Und ein treues Augenlicht!

Alles Gute, Rechte, Biedre,
Aber alles Andre, Niedre,
Häßlich, scheußlich, ekel ist,
Duftig nimmer ist der Mist. —

# HOFFNUNGSSCHIMMER

Hoffnungsschimmer, Licht des Lebens,
Lösche niemals gänzlich aus,
Dunkler wird's sonst in dem Herzen
Als im düstern Erdenschoß!

Sieh, der Frühling ist Dein Abbild!
Wenn das erste Grün ersprießt,
Dann die Seele, hell vor Freuden,
Dich in ihre Arme schließt.

Lockst selbst Kinder in die Weite,
Sei ihr Wünschen auch gering,
Sei's auch nur ein kleines Blümlein,
Dem das Aug' mit Lieb' anhing.

Sprichst Du nur: ihr werdet's finden,
Freudig sind sie gleich bereit!
Liebe Hoffnung täusch' sie nimmer,
Mit den Kindern hab' Mitleid!

Leucht' auch mir voran auf Erden,
Leit' mich bis zum Jenseits hin,
Zum Gestade voller Hoffnung, —
Wo enthüllt der Hoffnung Sinn! —

Nicht bei der Leidenschaft trübem Feuer,
Nur bei der Weisheit hell strahlendem Licht,
Schaue die Dinge, die Gott erschaffen,
Das Wie und das Wann, — das ergründest Du nicht.

Schaue die Wunder, — die großen und kleinen —
Leuchtende Sterne in düsterer Nacht!
Doch verschmäh' ob des Glanzes von tausend Sonnen
Keinerlei Röslein's bescheidene Pracht.

O Mensch, Du trittst mit Füßen tausend Wunder,
Und tausend Wunder, sie umgeben Dich.
Und tausend Wunder in den Lüften fliegen,
O Mensch, und Du beklagest Dich?

Knie nieder in dem weiten Welten-Raume,
Ist's Tag, so knie im gold'nen Sonnenschein,
Ist's Nacht, hoch über Dir die Sterne leuchten,
Und Dein Gebet sei Dank allein!

## PHANTASIE

Die sanften, blauen Lüfte, sie flüsterten mich ein,
Mir träumte, ich sei auf Erden, ganz mutterseelenallein,
Es war so bunt und üppig, es war so frisch und grün,
Ich sah zum ersten Male purpurne Rosen blüh'n!

Ein buntes Heer von Blüten umgab das Rasenland,
Vergißmeinnicht und Epheu sich um die Felsen wand,
Und tief aus hohem Grase, da schauten lieblich scheu
Hervor die blauen Veilchen, so schüchtern und so treu.

Es wiegten in den Wipfeln der hohen Palmen sich
Die schönsten Papageien und grüßten jubelnd mich:
Mein Herz schlug laut und lauter, doch ich vernahm es nicht,
Denn voller Freud' und Staunen sah ich ins Sonnenlicht!

Sah ich zur Erde nieder, zu allen Blumen hin,
Und fühlte wonnetrunken, daß ich so selig bin.
Die frischen, jungen Rosen, die Lilien weiß und schlank,
Die tausend kleinen Blüten, und all der Vögel Sang;

Sie schienen mir zu sagen, sie hätten auch ein Herz,
Sie wollten mit mir fühlen und teilen Freud' und Schmerz!
Zwei Nachtigallen riefen einander liebend zu,
Und dem Gesange folgte harmonisch tiefe Ruh'!

Ich sah die Sonne scheiden mit trübem Angesicht,
Ich wußt' nicht, was es wäre, und sah ins Mondenlicht,
Die Schmetterlinge flogen zu Myrtenbüschen auf,
Ich blickte immer höher und sah der Sterne Lauf.

Verwundert und erhoben, schaut' endlich ich ins Herz,
Und fühlte drin vereinigt die Sehnsucht, Lieb und Schmerz,
Da fragt' ich mich ganz ernsthaft, wer schuf dies Schöne, sprich,
Sprich, Seele, Herz, o sage: erschufst Du selber Dich?

Da rauscht es in den Palmen, mich faßt ein selig Weh!
Wer schuf mich und was bin ich, wer schuf das, was ich seh'?
Mein Auge hatte Tränen, vernehmlich rief's in mir:
Er schuf aus Liebe alles, Er schuf das Herz in Dir!

Gerecht ist Er und weise, die Größe ist nur Er,
Und heilig ist sein Name, er lautet Ewiger!
Erhebe Dich, erkenne, wie er unendlich gut,
Doch mehr kannst Du nicht wissen, Du klebst an Fleisch
          und Blut.

Du kannst das nie ergründen, was unergründlich ist,
So wie Du nicht ergründest, wie tief die Tiefe ist. —
Nur leise wehten Zweige durch blaue Frühlingsluft,
Des Mondes bleiche Helle schien in die Felsenkluft.

Ich war bewegt und setzte mich an des Meeres Strand,
Sah' in die Höh' und Tiefe, sah in der Wellen Brand;
Gerührt und dankerglühet, rief ich: »O Allmacht mein,
Die Gnade und Erbarmen und Liebe, sie sind Dein!«

Ich weinte Freudentränen, schon schien das Dämmerlicht,
Der Tau sank auf die Palmen, wie auf's Vergißmeinnicht,
Da kam der Morgen wieder, vorüber war die Nacht,
Mich dünkt, als wenn ich schliefe, — ich war erst aufgewacht!

## DER SINN DER FERNE

Erd' und Himmel rollen in einander,
Nur ein einzig Sternlein blinket noch,
Wie ein blaues Aug' im dunklen Wetter
Strahlt es an dem Himmelszelte hoch.

Jenes Sternlein birget ferne Welten,
Und Dein Blick, er trägt Dich sonnenweit:
Wer rief jenen Stern und jenen Sinn der Ferne
In das Leben unsrer Wirklichkeit?

Mast und Segel schwimmen auf dem Meere,
Wer schafft dieses Ungewitters Sturm?
Und die Schlange in den schwarzen Wolken,
Und den kleinen roten Totenwurm?

Menschheit unter Würmern, steh' mir Rede,
Armes undankbar — verwöhntes Kind.
Trägt der Zufall meilenweit die Blicke,
Ist's nur Zufall, daß wir sterblich sind?

Unser Jammer bürgt für Ewigkeiten —
Und das offne, nimmersatte Grab!
Doch ein Gott erschuf den Sinn der Ferne,
Und wir sinken drum getrost hinab. —

❧

Tausend Mücken tanzen in der Sonne,
Tausend Sonnen in des Himmelsraum,
Bürgt für Wirklichkeit nicht das Gescheh'ne?
Ist die Größe klein genug zum Traum?

O selbst Traumgebilde, sie sind Wahrheit,
Träumerisch nur von uns zusamm'gestellt —
Was nie war, wird von uns nicht geschaffen —
Aus dem Nichts schuf Gott nur eine Welt! —

# FÜR DIE OSTPREUSSEN

Düstre Nacht und lange Schatten
Ueber Land und über Meer,
Auf des Vaterlandes Matten
Schleicht das Elend hin und her.

Düstre Nacht und lange Schatten
Ueber Land und über Meer,
Die Gestalten, bleichen, matten,
Rücken immer, immer näh'r! —

Da — ein Leuchten längs des Meeres —
Ach, der liebe Sonnenschein,
Stärker als die Macht des Heeres —
Rücket in die Nacht hinein.
Spricht zum Elend: horch, ich lehr' es,
Daß zuletzt der Sieg doch mein!

# AUSDAUER

Wenn ich so in Unruh' lebe,
Zwischen Angst und Hoffnung schwebe,
Sagt mir Etwas: habe Mut,
Noch 'ne Weile, dann wird's gut.

Einst noch, ja auf Erden hier,
Wird ein Ruhehafen Dir,
Wie Oase in der Wüste,
Leuchtet Dir die schöne Küste!

Und zu diesem sichern Port,
Auf zu diesem Wonneort.
Werden Angst und Qual und Bangen —
Diese Fluten nie gelangen!

Dort Du auf vergang'ne Stürme,
Die vor Dir einhergebraust,
Wie auf kleine Kartentürme
Gleichgültig herniederschau'st.

Ja, es wird Dir Freiheit, Frieden,
Wonn'ge Ruhe noch hienieden,
So ward es von Gott beschieden:
Sei indes damit zufrieden!

Das Paradies verschwand,
Die Erde vor mir stand
Ganz schwarz und anzubau'n:
Mich faßt ein tiefes Grau'n.

Doch faßt ich mich geschwind,
Und rasch wie Seltne sind,
Ward ich ein Ackersmann
Und fing die Arbeit an.

Bald ward die Erde grün
Und tausend Blüten blüh'n.
Das Paradies — von Neu —
Erstand, bei meiner Treu!

## ARGLOS UND HARMLOS

Arglos und harmlos,
Durchs Leben hin,
Kommt mir das Böse
Nicht in den Sinn!

Arglos und harmlos,
Glücklich ich bin,
Hör' ich das Böse,
Denk ich nicht hin!

Und kaum ist's verhallt,
Vergess' ich es bald,
Vergesse, um zu vergeben,

Vergebe, um zu erheben
Zum reinen Leben
Durch gütige Gewalt.


## DEM KAISER WILHELM I.*

Staunest ob der Alpenhöhe,
Sinkest nieder vor den Sternen,
Vor dem Glanz des Meteores
Aus den unbegriffnen Fernen;

Staun' nicht ob der Alpenhöhe,
Sink' nicht nieder vor den Sternen,
Vor dem Glanz des Meteores
Aus den unbekannten Fernen:

An und für sich sind sie wenig
— Wahre Größe wohnt im Geist —
Staune an den großen König,
Den mit Recht man »Ersten« heißt —
Jeder Zoll ein Kaiser-König,
Der die Völker mit sich reißt!

Poesie ist Leben,
Prosa ist der Tod,
Engelein umschweben
Unser täglich Brot.

* Als nach Einreichung meiner Denkschrift über die
Notwendigkeit einer längeren Frist vor der Bestattung
an den großen Kaiser [bis zur 6. Auflage: an den hoch-
seligen Kaiser] sämtliche Regierungen veranlaßt wur-
den, schleunigst zu berichten, in welchem Umfange in
ihrem Verwaltungsbezirk für die Einrichtung von Lei-
chenhäusern Sorge getragen ist. (Denkschrift bei W. G.
Korn, Breslau)

O sieh, wie sich's türmt,
Die Welle sich bäumt,
Das Ufer ergrünt,
Von Blumen besäumt.

Es näh'rt sich das Boot,
Die Woge sie schäumt,
Das Mägdlein da drin,
Das Mägdlein es träumt!

Und über dem Haupt,
Am Himmel aufwärts,
Ein Zeichen von Gold,
Ein flammendes Herz!

❦

Es ist mir so federleicht um's Herz,
Versunken ist der wilde Schmerz,
Und wenn's mir so im Innern glüht,
Sing' ich euch bald ein neues Lied:

Ein blaues Aug', ein goldner Stern,
Ein rotes Wölkchen himmelsfern,
Ein Freundes Herz, ein treuer Blick,
Ein menschlich rühmliches Geschick.

Die Welle steigt, die Welle sinkt,
Ein brauner Nachen freundlich winkt,
Ein frischer Ruderschlag ertönt!
Wie man sich dort nach Sängern sehnt!

Ade, ade, Du grüne Welt!
Der Sänger ist der wahre Held,
Greift er in seine Saiten ein,
Stimmt bald die ganze Seele ein!

Die ganze Welt, sie stimmt mit ein,
Die Welt ist sein, die Menschen sein,

Ade, ade, Du grüne Welt,
Der Sänger ist der wahre Held!

Die ganze Welt, sie stimmt mit ein,
Die Welt ist sein, die Menschen sein,
Ade, ade, Du grüne Welt,
Der Sänger ist der wahre Held!


GEMÄLDE

Siehst Du die grünen Täler,
Das dunkle Abendrot!
Die schäumend, weißen Wellen,
Darauf das kleine Boot? —

D'rin sitzet die Geliebte,
Ein Engel wunderhold,
Mit klaren, großen Augen,
Das Haar so licht wie Gold.

AN DEN KAISER FRIEDRICH III.,
DAMALIGEN KRONPRINZEN
FRIEDRICH WILHELM

Eilst von Sieg zu Siege
Pfeilschnell wie Achill,
Held in jedem Kriege,
Sprichst Du nur: ich will!

Fliehen Feindesheere
Und ergeben sich,

Werfen weg die Speere,
Unterwerfen sich!

Doch in Deinem Ruhme,
Dicht im Lorbeer, wächst
Noch 'ne große Blume,
»Menschlichkeit« zunächst. —

Drum gewähre heute
Was der Dichter fleht:
»Wenn des Todes Beute,
Feld voll Leichen steht. —

Die Gefallenen lasse:
Ob auch scheinbar tot —
Oft der Toten Masse
Manch' Lebend'gem bot! —

Die Gefallnen lasse
Nicht vergraben bald,
Heldenmienen, blasse,
Sterben nicht sobald: —

Daß nicht in der Tiefe
Solch ein Held erwacht,
Und nach Hilfe riefe
In dem finstern Schacht!«


## AN DENSELBEN

Die großen Blätter der Geschichte fallen,
Das eine, Prinz, es ist ganz voll von Dir,
Und alle Herzen, es erobert's Dir,
Und später Nachwelt wird es noch gefallen.

Wer sich des Schicksals wie des Sieg's bemeistert,
Gekröntes Leben in die Schanze schlägt,
Ein großes Herz im Heldenbusen trägt,
Zu aller Zeit der Menschen Sinn begeistert.

Drum Heil dem Tage, Prinz, der Dich geboren,
Du selber gleichst fürwahr dem goldnen Tag,
Dem Sonnengott vor Akropolis Toren!

Doch auch dem Aar mit kräft'gem Flügelschlag,
Dem Preuß'schen Aar vor unsren Siegestoren:
Daß Dich die Siegesgöttin stets begleiten mag!

## ZU EINEM GEMÄLDE FÜR
## KAISER FRIEDRICH III.
## NACH DESSEN TODE

Bist als Meteor erschienen
Unsrer kalten Wirklichkeit,
Ach erschienen und entschwunden
Allzufrüh zur Ewigkeit.

Gab'st die Liebe zur Parole,
Zum Panier Gerechtigkeit,
Daß sie eine Wahrheit werde
Die erträumte Menschlichkeit.

Schon erwärmet ward die Erde,
Neu erstand das Ideal
Von des Dritten Friedrich's Geiste
Seines Herzens Sonnenstrahl.

Dritter Friedrich, Du wirst leben,
Hier und dort der Edle lebt.
Nievergessen wird auf Erden
Wer schon hier zum Himmel schwebt.

Kleine Blüten, Röselein,
Alle unschuldvoll und rein,
Wählte tief bewegt ich aus,
Ach, zu einem Abschiedsstrauß.

Ferne sang ein Vögelein:
Menschenherz, so groß und klein,
Buntester Gefühle Strauß,
Schaust so treulich heute aus!

Vögelein, Dein Lied ist wahr,
Dankestreue in mir weilt,
Beten werd' ich immerdar:

Jenen, der heut von uns eilt,
Gott im Himmel ihn bewahr'
Aller Orten, wo er weilt!

Vöglein auf den grünen Zweigen,
Die sich auf- und abwärts neigen,
Freude hebet eure Brust,
Klopfen hör' ich sie vor Lust!

Frühlingswonne, Schwalben, Lerchen
Laut Geklapper unter Störchen,
Wiedersehen, Reiselust,
Hohe Freude in der Brust.

Gönnet mir Die Freudenfeier,
Meine Seele atmet freier,
Herr im Himmel, habe Dank
Für den innern Festgesang!

Hebet hoch die freien Schwingen,
Laßt euch nicht vom Feind berücken,
Hilfe kann der Morgen bringen,
Und die Bosheit geht in Stücken.

Zu des Orkus finsteren Gewalten
Lege ich mein lebensmüdes Haupt,
Ungeheuer, öffne deine Falten,
Viel hab' ich gestrebt und viel geglaubt!

Jung und kräftig, und vom Mute strahlend,
Lebenswarm die Brust, das weiche Herz:
Mitwelt, Deine Schuld bezahlend,
Sticht die Nachwelt einst mein Bild in Erz.

Ist die Weihe denn gewichen,
Sind die Blumen all verblüht,
Ist der duft'ge Schmelz gestrichen?
Ach, ein dichter Nebel zieht!

Und in diesen eingehüllet
Lichtlos scheint der Horizont,
Keine Sehnsucht wird gestillet
Keine Blüte, die sich sonnt.

Hab ich Dich bisher geleitet,
Wanke nicht an meiner Hand,
Sieh, der Teppich ist gebreitet,
Und es grüßt das Uferland.

Und es lächeln alle Sterne,
Und die schön're Sonne winkt, —
In der Nähe, in der Ferne
Dich der Allmacht Arm umschlingt. —

Ein purpurnes Röslein auf grüner Au,
Ein güldenes Sternlein am himmlischen Blau,
Ein singendes Vöglein auf schwankendem Ast,
Sag' an, was Du Schönres zu zeigen hast?

Gar schön ist solch' Röslein auf grüner Au,
Gar prächtig solch' Sternlein am himmlischen Blau,
Gar frei ist das Vöglein auf schwankendem Ast,
Und Freiheit und Schönheit zusammen wohl paßt!

Als ich heut so bitterlich
Tief vor Gott geweinet,
Da — ein kleines Vögelein
Meinem Schmerz sich einet;

Flog zu mir bis an den Sims
Meines Fensters treulich:
»Weine nicht, Du Herzensmaid,
Schrecklich ist es freilich.«

Also sprach das Vögelein
Mit den braunen Blicken:
»Einstens wird es besser sein!« —

Und mit Kopfesnicken
Breitet es die Flügelein,
Und entfloh den Blicken.

Alles Träumen
Tauget nichts,
Wert ist's kaum
Des Stückchen Lichts.

Alles schwindet
Um uns her,
Groß ist nur der
Vergangenheit Meer. —

Tief gelegen
Hinter mir,
Ist der Traum,
Der goldne mir.

Alles Träumen
Tauget nichts,
Wert ist's kaum
Des Stückchen Lichts.

❦

Heiße Tränen fließen, rauschen,
Ueber mein Gesicht,
Ob die Englein ihnen lauschen!
O, ich zweifle nicht!

Bin so öde, bin so trübe,
Melancholische Gestalt,
Wenn es nur nicht also bliebe,
Glühend heiß und kalt!

❦

Frühlingslüfte wehen leise,
Traurig ist das Herz,
In der unbewußten Weise,
Doch verwandt dem Schmerz.

Bunte Schmetterlinge fliegen
Zu den Blüten auf,
Nächst der Blüte kriecht das Würmlein,
Lauert schon darauf! —

Ist auch schön die Außenseite, —
Inn'res ist nicht — süß:
In der Welten Läng' und Breite
»Bitter« — man es hieß!

Habt ihr mir es gar verleidet,
Dieses kleine Leben, ach,
Wenn mein Geist einst von euch scheidet,
Sag' ich euch nichts Gutes nach.

Denn das Aller-Allerbeste
Trug ich glücklich in der Brust,
Freudig glich sie einem Feste,
Täglich feiernd neue Lust!

Und die frohen Blüten alle
Breitete ich vor euch aus:
Wieder gabt ihr mir nur Galle,
Machtet traurig, ach, mein Los!

Alles grünt und Alles blüht,
Aber nicht in meinem Herzen.
Ach, in meinem Herzen glüht
Nur das Morgenrot der Schmerzen.

## LAWINENMASSE

Wie die Lawinenmasse stürzet
Sich die Sorge auf das Herz,
Gleich des Weltmeers hoher Welle,
Schwarz und weiß und grau wie Erz. —

Kummer steigst du auf und nieder,
Und verschlingst die Freude wild,
Und entrollst mit Sturmesschnelle
Der Verzweiflung wirres Bild.


## FRAGE

Dieses Leben liebst Du noch?
Diese wechselvolle Pein?
Dieses schmerzerfüllte Sein?

## ANTWORT

Ach, man liebt es heimlich doch! —

Dunkle Veilchen, weiße Blüten,
Aller Seelen Freudenfest!
Stimmen aus dem Saitenspiele
Nie verklungner Harmonie! —

Tränen könnet ihr entlocken
Aus der tiefsten Seele mir,
Doch gemischt sind diese Tränen:
Freuden auf des Schmerzes Grund! —

Dorten winkt ein neuer Morgen,
Dorten bin ich wieder »ich«,
Nicht allein und ganz geborgen
Find' ich meine Mutter, Dich!

Was ich Hohes je geträumt,
Was ich Sinniges gedacht,
Was sich mir im Geist gereimt,
Wenn die Seele hat gelacht.

Alles, Alles ist verklungen,
Sieht mich fast gespenstisch an,
In den Abgrund ist's gesprungen,
Funkelt wie ein Feuermann! —

## IN DER SCHWEIZ

Unter Felsen wandelst Du,
Unter Träumen wirkest Du,
Wandle, wirke immer zu,
Doch das Herz find't keine Ruh.

Nicht die Wüste, nicht der Strand,
Nicht die Küste, nicht das Land
Bringen es zum Schweigen,
Wenn der Schmerz sein eigen.

Kennst Du nicht das Licht des Lebens
Kennst Du seine Schatten nur,
Nicht des Lebens goldne Sonne,
Nur des düstern Nebels Spur?

Zage nicht, die Truggestalten
Schwinden hin gleich eitlem Schein,
Dorten wird die Tugend leuchten,
Und das Blendwerk dunkel sein!

Hoch auf der Berge Gipfel
Vergess' ich die ganze Welt,
Der Selbstsucht breite Wipfel,
Die Bosheit und das Geld.

In kleiner mosiger Hütte,
Da leb' ich so wohlgemut,
Voll Gottesfurcht im Herzen,
Im Herzen froh und gut.

Der Morgen hört mich beten,
Der Abend den Gottesdank,
Es ernten diejenigen, die säeten,
Ihr ganzes Leben lang.

Es grünen die Bäume des Waldes,
Es kündigt der Frühling sich an,
Hinweg mit dem frostigen Winter,
Der Frühling ist ein sanfter Mann!

Die langen goldnen Strahlen,
Sie sind wie ein langes Haar!
Die Veilchen im tiefen Grase
Sind blau, wie ein Augenpaar!

Kannst Du zweifeln, kannst Du zagen?
Blick nach jenem »großen Wagen,«
Wovon jeder Himmelszoll
Von Myriaden Welten voll.

Myriaden Welten, Sonnen,
Ewigkeiten, ew'ge Wonnen,
Heil'ge Gottheit, höre mich,
Tief im Staube preis ich Dich!

## LIED

Wird auch das Leben
Manchmal so schwer,
Lächelt die Liebe
Von oben doch her!

Lächelt die Liebe
Von oben hinein,
Dürfen die Herzen
Nicht kummervoll sein!

Ich lehn' am Fensterkreuze,
Es schmerzet tief in mir,
Die alt' und frischen Wunden
Sie alle bluten mir.

Doch Eines — sanft balsamisch,
Es ziehet drüber hin,
Daß ich an allen Wunden
Unschuldig bin.

Laßt mich in die Wüste eilen,
Wo die siebzig Palmen sind,
Dort in der Oase weilen,
Wo die Quelle ewig rinnt.*

Dort in jenen schlanken Bäumen
Mit dem großen Geist allein,
Will ich Alle glücklich träumen
Und will selber glücklich sein.

Der Dichter lebt im Traume,
Er spielt im Weltenraume
Mit Zeit und Ewigkeit —
Verscherzet Glück und Zeit!

Und wenn er nichts erzielet
Als das, was er gespielet,
So ist's doch immer Viel,
Denn wertvoll ist sein Spiel!

Wer die Bangigkeit
Jemals hat gefühlt,
Jene Ewigkeit,
Die im Schmerze wühlt —

Der nur, der allein
Kennt die ew'ge Macht:
Ueber seinem Sein
Hat sie doch gewacht. —

* Exodus. Kap. 27 [Altes Testament, 2. Moses, 27].

Es flammet das herrlichste Sonnengold
Im Westen — die Sonne geht unter —
Der grünende Teppich ist aufgerollt,
Er strotzet voll Blumen, voll bunter.
Ein Mensch in Gedanken im Schatten steht
Und fühlet im Herzen ein froh Gebet.

Er kehrte zurück aus dem Menschen-Gewühl
Der Städte — das Herz entzweit und
      zerrissen,
Verletzt und verwundet sein innigst Gefühl,
Gerettet allein sein Gewissen. —
Und kaum, daß er einsam drei Tage weilt —
Sein Herz, sein Gefühl sind plötzlich geheilt.

## DAS IDEELLE

Wie die Rose unter Dornen
Steht das Ideelle jetzt,
Nur das scheußlich Materielle
Kommt zuerst und kommt zuletzt!

Wird gepredigt aller Orten,
Als Vernunft, Gebot der Zeit,
Und mit Beispiel und mit Worten
Macht es überall sich breit.

Aber, wie die Röslein blühen,
Ungetrübt und ewig rein,
Trotz der Dünste, die da ziehen, —
Bleibet alle Schönheit sein.

❦

's ist ja alles nur ein Träumen,
Nur ein silberweißes Schäumen
Von dem Meere, das erst wird.

Wie ein Degen, der da klirrt,
Eh' er aus der Scheide irrt
Zu den tatengroßen Räumen.

Wie der Aar die Schwingen hebt,
Wenn er noch im Neste lebt,
Eh' er auf gen Himmel schwebt.

Du siehst das Vöglein in den Lüften fliegen,
Die kleinen Blüten auf dem Rasenland,
Die Käfer schwirrend in den blauen Lüften
Und mitten hin des Stromes Silberband!

O freue Dich! denn nur durch Wunder
Schwebt in der Luft das Vögelein,
Die Blüten und der Strom sind Wunder!
Wo Wunder sind, muß Gottes Tempel sein! -

Es scheint der Mond so helle,
So silbern strahlt der Mond,
Ich stehe an der Stelle,
Wo all mein Lieben wohnt!

Ich stehe still und segne
Den Platz, das Haus, die Luft,
Daß niemals drin begegne,
Was Schmerz und Tränen ruft.

Der Lorbeer sprießt!
Sei mir gegrüßt,
Du liebes Blatt!

Erkoren bist,
Was edel ist
Zu krönen Du!

Der Böse haßt,
Das Laster praßt,
Der Dichter denkt —

Im Traume schenkt,
Im Traume senkt
Dies Blatt sich seinem Haupt!

Grüne Zweige, goldne Frucht!
Wer sie findet, wer sie sucht!
Kennst Du ihren tiefen Sinn?
In der Seele wohnt er drin. —

Grüne Zweige, goldne Frucht!
Wer sie findet, wer sie sucht!
Suchen, finden wirst du sie,
Brechen, ach, auf Erden nie. —

Sag', was hängst Du so daran
An dem ird'schen Wahn?
Sieh das Glück in Wahrheit an,
Gleicht es schwankem Kahn. —

Schaukelt auf den Wellen sich,
Gleitet hin und her,
Schwebet leicht veränderlich
Auf des Lebens Meer. —

O mag ein Engel Dir die Schrift diktieren,
Daß jedes Wort mir Wonne sei und Lust,
Ein Engel Deine Feder führen,
Ein Zauber drinnen leben unbewußt!

Damit, wenn ich das Siegel löse,
Das Glück sich ungetrübt daraus ergießt,
Und keine Wolke, keine böse,
Mein Geist von Deinem Geiste liest.

Unter mir die tausend Plagen
Unsrer Kleinlichkeit,
Ueber mir die großen Fragen
Unsrer Ewigkeit.

Neben mir der Rosenschimmer
Goldner Poesie,
Schlag't das Saitenspiel in Trümmer, —
Sie zerstört ihr nie!

Es schwebt mir auf der Zung' ein Lied,
Ein frohes, sinnig Lied,
Es wächst so rasch, es grünt, es blüht,
Ging ich, so ging's, schied ich, es schied.

O goldnes Lied, geboren kaum,
Gedankenschwerer junger Traum,
Fürwahr Du bist von Gott gesandt,
Des Himmels süßes Unterpfand!

Das Leben träumt, der Traum er lebt!
Seht, wie er hoch am Himmel schwebt,
Des Dichters Traum, des Dichters Sang,
Es ist der Wahrheit goldner Klang! —

Schwarze Wolken, graue Wolken,
Grau der Kummer, schwarz der Kampf,
Sieh', dort unter grünen Bäumen
Steigt herauf ein weißer Dampf.

Blauer Himmel, goldne Sterne,
Güt'ger Allmacht Zauberlicht,
Strahlend, wachend in der Ferne,
Herr und Gott verlaß mich nicht!

Es scheint der Mond ins Zimmer,
Ein Sternlein strahlt in's Haus,
Ich denke nach, wie immer,
Ach nicht an Saus und Braus.

Ich denk' an all das Schöne,
Die große Illusion,
Der Täuschung Meistertöne —
Ein jeder kennt sie schon.

Was ihr das Herz erzählte,
Das süße Märchen, schön,
In Worten, lieb gewählte, —

— Doch wild auch gleich dem Föhn
Wie Saiten, hart gestählte —
Ein flüsterndes Gestöhn.

Und hätte ich nicht im Herzen
Den großen Trost aus der Höh',
Ich wäre ja längst vergangen
Vor Kummer und schwerem Weh!

Und hätte ich nicht den Glauben
An Gottes Barmherzigkeit,
Ich wäre ja längst erlegen
Der Bosheit, dem albernen Neid!

Tröstend senkt die Poesie
Sich auf meine Seele,
Ihren Schleier hebet sie,
Wenn ich's euch erzähle.

Goldne Leyer, bleibe mein,
Häng Dich um die Seele,
Deine Töne, klar und rein,
Liebend ich sie stehle.

Daß die Sterne blässer werden,
Wenn das Herz vor Leiden glüht,
Hätte nimmer ich gedacht!

Wenn das Herz vor Freuden lacht,
Jedes Sternlein Feuer sprüht,
Und die Sterne dunkler werden. —

Ich träumte schön und träumte viel,
Das Leben schien ein Kinderspiel,
Das Gute schien so federleicht,
Als hätte man es bald erreicht!

Das Leben ist ein Kampfesspiel,
Und bot der Wunden schwer und viel,
Das Gute ach, ein goldner Traum,
Erreichbar selten oder kaum!

⁂

Siehst Du nicht die grünen Matten
Und das blaue Himmelszelt?
Und der Bäume lange Schatten
Und die ganze Frühlingswelt?

All die Bäche und die Quellen
Und die Wiesen gelb und grün,
All die Knospen, die da schwellen,
Und die Düfte, die da ziehn?

⁂

Der Himmel ist blau,
Die Erde so grün,
O laß uns ein wenig
Nach Süden hin ziehn!

Dort blühet die Myrte,
Orangen sind frisch,
Dort decken die Blüten
Dir freundlich den Tisch.

⁂

Meine Tränen fließen
Brennend heiß,
Gott nur weiß,
Was für Segnungen d'raus sprießen.

Wenn im Innern verletzet
Stolzes Herz,
Seelenschmerz
Seine Stachel wetzet.

Laß die Tränen fließen
Brennend heiß,
Gott nur weiß,
Was für Segnungen d'raus sprießen.

❧

Laßt mich schlafen, schlafen,
Träumen lange Zeit,
Auf daß ich verträume
Halbe Ewigkeit! —

Ewigkeit hat keine Hälfte,
Stets erneuernd sich —
Stets aufs neue beginnend,
Währt sie ewiglich.

Nun, so laßt mich schlafen,
Träumen ew'ge Zeit,
Daß ich schön verträume
Ganze Ewigkeit!

❧

O gieb mir Laut und Stimme,
O gieb mir Wort und Sang,
Daß ich ein Lied anstimme
Für Dich zum Lobgesang.

Laß mich Dein Geist durchdringen,
Dein hoher Gottesgeist,
Ich will's den Menschen singen,
Wie man Dich, Höchster, preist!

Ich will's der Menschheit singen,
Daß Du die Welten lenkst,
Daß Du das Licht erschaffen,
Daß Du die Meere tränkst.

Daß Du im tiefsten Abgrund
Das kleinste Wesen nährst,
Daß Du vom tiefsten Kerker
Den stillsten Seufzer hörst!

Daß Du mit Deiner Größe
Die Sonnen hast geschmückt,
Doch auch das kleinste Blümlein
An Deine Brust gedrückt;

Bevor Du es erschaffen,
Bevor Du uns es gibst,
Nimmst Du die kleine Blüte
Und zärtlich Du sie liebst!

Du gibst ihr Glanz und Leben,
Du machst sie zart und schön,
Du gibst ihr Licht und Sonne,
Und läßt sie Sonnen seh'n.

Daß Du die blauen Himmel,
Die goldnen Sterne schufst,
Daß Du mit Deiner Stimme
Der Berge Echo rufst:

Damit man endlich wisse,
Daß jeder Laut Dir kund,
Daß unterdrückter Seufzer
Durchdringt der Tiefe Grund;

Durchdringt der Meere Klippen,
Dringt hin zum Himmelszelt,
Zu Gott dem Allerhöchsten,
Dem Schöpfer aller Welt;

Daß Er den Seufzer stille,
Dem Schwachen Kraft verleih',
Daß er das Recht bewähre,
Der Unschuld Schutzfels sei.

Gora ist tot! Und tausend Seufzer klagen,
Und tausend Tränen grüßt das Morgenrot,
Ein treuer Sinn, ein Helfer in der Not,
Ein großes Herz hat aufgehört zu schlagen.

Des Gönners Herz! Laßt uns den Jammer tragen,
Und mit uns trauere eine ganze Welt,
Es schlug für sie, ihr Leid hat es geschwellt.
Das wack're Herz hat aufgehört zu schlagen!

Die Tränen trocknen und die Seufzer schweigen,
Das Blümlein an der stillen Gruft verblüht,
Die Poesie singt ihm ein ernstes Lied,
Grüßt ihn mit ihren ewig grünen Zweigen.

Sie singt: Des Mannes Taten bleiben eigen,
Gewaltig ist der Geist, der von uns schied.
Sein Schatten stolz an uns vorüber zieht. —
Es lebt ein Gott, laßt uns die Häupter neigen.

Sie singt: Es knien an seinem öden Grabe
Wie Lichtgestalten, hold und engelrein,
Die treue Gattin und die Töchter fein,
Und stolz bewahrt sein Schwert der zarte Knabe!

O Mensch, Du trittst mit Füßen tausend Wunder,
Und tausend Wunder sie umgeben Dich,
Und tausend Wunder in den Lüften fliegen,
O Mensch, und Du beklagest Dich! —

Knie' nieder in dem weiten Welten-Raume,
Ist's Tag, so knie' im goldnen Sonnenschein,
Ist's Nacht — hoch über dir die Sterne leuchten,
Und Dein Gebet sei Dank allein!

Es stimmen meines Herzens Saiten,
O Herr, Dir an ein Dankgebet,
Und tausend Stimmen es begleiten,
Ich sing es früh und spät.

Was sing' ich denn? Ich singe: »Erhaben,
Hoch über Zeit und Raum,
Bist Du, o Herr, und Deine Gaben
Sind Wirklichkeit, nicht Traum!«

Ich halte still und juble weiter:
»Das goldne Leben gleicht
Nur einer Sprosse auf der Leiter,
Die bis zum Himmel reicht; —

Die Jakobsleiter voller Wesen
— Jahrtausende der Grund —
Auf dem sie werden, sind gewesen,
Ein Chaos schön und bunt!

Ein Chaos, Herr, von tausend Sonnen,
Von Sternen, Mondschein-Pracht,
Von kleinen Blüten, Millionen Wonnen,
Dazwischen Dämm'rung, Traum und Nacht!

Dazwischen milde Frühlingslüfte
Und Tränenschauer liegt,
Und süßes Hoffen, Himmelsdüfte,
Und was das Herz besiegt!«

Ich juble laut und singe weiter,
»Hab' Dank, o Herr, dafür,
Wie auf dem Gipfel jener Leiter,
So preis ich Dich schon hier!«

❦

Ganz gebrochen ist die Kraft,
Und entmutigt ist der Sinn,
Weltumfassend kühne Träume,
Fahret alle, alle hin.

Goldbesäumte Wolken lagen
Ueber wonnig Morgenrot,
Düst're Nacht ist's. Nimmer tagen
Wird das Licht: Das Licht ist tot!

Was nützen alle Lieder,
Was nützt das beste Herz?
Dämonen kehren wieder,
Mit Zungen hart wie Erz.

Dämonen kehren wieder
Im Aug' den gift'gen Strahl,
Was soll das blau Gefieder,
Des Dichters Ideal?

O schweigt, ihr goldnen Lieder,
Halt stille, Poesie:
Du fielst vom Himmel nieder,
Hier wirst Du heimisch nie!

## ANSICHT

In Abenddämm'rung schwanken
Die Lilien hin und her,
Und frische Rebenranken
Bespült das glatte Meer.

Die Schatten steigen nieder,
Der Mond mit weißem Strahl
Bescheint die Höhen wieder
Rings um das stille Tal.

Von einer jener Stellen,
Gelehnt an Felsenwand,
Sieht man des Jordans Wellen,
So weiß wie ein Gewand.

❦

Es ringt der Regen mit dem Winde,
Es ringt der Segen mit dem Fluch,
Es ringt das Alter mit dem Kinde,
Es ringt die Sage mit dem Buch.

Es kämpft die Tugend mit dem Bösen,
Es kämpft die Arbeit mit dem Gold,
Es kämpft ein jeglich, jeglich Wesen:
Ob es, und ob es nicht gewollt!

## DIE EINGEBUNG

Die Vöglein singen ihr Morgenlied,
Man hört den Jubel im ganzen Gebiet,
Im Ost die purpurne Sonne glüht
Und sendet Strahlen nach West und Süd.

Allein in meinem stillen Gemach,
Umrankt von üppigem Blätterdach,
So saß ich träumend — ach, träumend wach —
Und dachte und sann gar eifrig nach —

Den Kopf auf beide Hände gestützt: —
»Hat es gezündet, hat es genützt?
Was ich geschrieben, so frei und frisch?«
Und kindisch schlug ich auf den Tisch.

»Ist dies der Lohn für alle Müh',
Für Wirklichkeit und Poesie?
Wen kümmert's wohl, wer steht mir nah,
Steht alles nicht noch feindlich da?«

Da horch, da sieh! Was sprengt heran?
Welch prächtiges, glänzendes Viergespann!
Apollo selber im Sonnenwagen:
Kannst Du Dich jetzo noch beklagen?

## EDELWEISS

Von den höchsten Bergen
Kommst Du so weit her!
Weiße, sammtne Blume
Interessierst mich sehr.

Hast gar viel gesehen,
Fels und Berg und Tal,
All' die grünen Seen,
Wunder ohne Zahl.

Und des Eises Grotte,
Und des Gletschers Wand,
Rauschende Luzine,
Schwarz und weiß genannt.

Und den Savoyarden,
Streckend aus die Hand,
Seine dunklen Blicke,
Flehend, festgebannt.

Viel hast Du gesehen,
Fels und Berg und Tal,
Eis und Schnee und Seen,
Wunder ohne Zahl.

Deine Heimat, Blümlein,
Edelweiß genannt,
Ist ein kleines Eden,
Schön das Schweizerland.

## UNTER DEN LINDEN

Die Blätter der Bäume fallen
Die herrlichen Linden entlang,
In allen Farben und Formen
Bestreut ist der reizende Gang.

Ihr Blätter und Bäume und Menschen,
Verschieden an Farbe so sehr:
Ein Windstoß weht alles zusammen,
Man merkt keinen Unterschied mehr!

Zwecklos scheint mein Leben,
Ohne Zweck mein Sein,
Doch ein einzig Streben
Hüllt's in Dunkel ein. —

Ist's dereinst gelungen,
Wird vielleicht gesungen:
»Viel hat sie getan,
Wenige sahn's ihr an.« —

## DIE GEFANGENEN

Ihr Vöglein, die ihr in Freiheit,
Ihr Vöglein jubelt laut,
Wir Andern leben in Knechtschaft,
Vor Kummer früh ergraut;

Die Menschen leben im Wahne,
Wir wären nur für sie da,
Zu ihrem Spiel und Vergnügen,
Zu ihrem Essen, ja!

Wir sind nicht zu ihrem Vergnügen,
Wir sind für uns selber da,
Die Menschen sind unsre Verwandte
Im Essen und Trinken so nah. —

Ihr Vöglein, die ihr in Freiheit,
O singet den Menschen nichts vor:
Die Menschen sind schlechte Verwandte!
So sangen die Vöglein im Chor!

Es wankt der Boden unter unsren Füßen,
Des letzten Morgenrotes heilige Parole,
Gesegnet schön und anerkannt von Pol zu Pole;
Die Menschlichkeit ist aus und Tränen fließen.

Es zieht die Nacht hinauf, die Schwerter blitzen,
Das Irrlicht sprüht, kein einzig klares Sternlein glüht,
Das zarte Blümlein unter Rosseshuf verblüht —
Die Pulse glüh'n, die Leidenschaften sich erhitzen.

Was wird aus dieser späten Nacht entstehen?
Das Schönste, was man ehrt, es wird zum Raube,
Und Lieb' und Duldung liegen tief im Staube,
Was bleibt von allen Erdengütern da noch stehen?

❦

Der müde Wandrer sitzt am Steg,
Vorüber eilet der Fluß,
Am Ufer lehnend, die Hände gekreuzt,
Und badet den müden Fuß.

Die Hände so braun und braun ist der Fuß,
Noch brauner ist das Gesicht,
Wo kam er nur her, der müde Gesell?
Wahrhaftig, ich weiß es nicht.

❦

Die Nemesis, sie waltet
Bei allem, was man tut,
Nehmt euch in acht, ihr Menschen,
Die Nemesis nie ruht.

❦

Nicht mehr sprechen die Sterne,
Nicht mehr die Sonne zu mir,
Verstummt ist, ach, die Sprache,
Die allerschönste hier.

Es sprechen nur noch die Affen,
Die Masken alle zu mir,
Algebra der Dummheit sie reden,
Die häßlichste Sprache hier.

Die Blätter so stille, die Vögel,
Ganz ohne Lied und Ton,
Die Reifen der Röcke nur klirren,
Wie Schimpf und Schande und Hohn.


## DER STOLZE HEINRICH

Zartes Blümlein wunderhold,
Zogest aus der Gartenwelt,
In das freie, offne Feld,
Helles Blümlein, duftend Gold!

Liebtest's nicht, im engen Raum
Einzeln, müßig dazustehen,
Steif und nutzlos auszusehen
Wie ein stilles Bild im Traum! —

## NACH SEDAN,
## AN DEN KAISER WILHELM I.

Ist das des Jahrhunderts schöne Erde,
Ströme Bluts und Berge voller Leichen!
Wird das Böse nicht dem Guten weichen?
Wär's nicht Zeit, daß endlich Frieden werde?

Frevelnd ward der Krieg heraufbeschworen,
Der Urheber Ansehn ging verloren,
Ausgekämpfet ist der Krieg, genug getan
Ist's an allem, was Europa's Augen sah'n!

Doch nicht Rache will der große Sieger,
Menschlich fühlt der ruhmgekrönte Krieger,

Teuer ist ihm seines Volkes Blut,
Das vertrauensvoll in seinen Händen ruht!

Und die weisen Lehren der Geschichte treten,
Und das Wort, um das die Völker beten,
Das Erbarmen, es tritt vor ihn hin,
Leuchtet heute seinem Königlichen Sinn!

Und des Ahnherrn wohlbekannte Sympathien -
Unbegründet — in der Sprache im Gedicht —
Steigen auf vor seinem Angesicht,
Und des Königs Blicke Segen sprühen:

Wollen aller Welt den Frieden geben,
Einen langen Sonntag uns'rem Vaterland,
Das um uns wie Heldenmauer stand, —
Und besiegtem Uebermute sei vergeben! —


### NACH DER AUFFÜHRUNG
### »RUDOLFS II.«
### IN BERLIN

Der Lorbeer liegt in meinem Zimmer,
Der Himmel mir ihn gab!
Ich will ihn nächstens tragen
Auf meiner Mutter Grab.

O wißt ihr, was ich denke?
O nein, ihr wißt es nicht!
Wenn ich mich ganz versenke,
Dann denk' ich ein Gedicht!

Ein leeres Bauer, ein leeres Haus,
Das sieht so triste und traurig aus,
Wo sind Deine Bewohner, Du leerer Raum?
Entschwunden, versunken, ein seliger Traum!

Es geht die Zeit den sichern Gang,
Den Gang zur Ewigkeit.
Die Zeit ist kurz, die Zeit ist lang,
Der Weg bald schmal, bald breit!

Motto: Der Weg zur neuen Bildung geht
Von Humanität
Durch Nationalität
Zur Bestialität.
(Grillparzer's Gedichte.)

Zanket nicht, hetzet nicht.
Friedlich scheint das Sonnenlicht,
Laßt die Juden und die Christen
Ungekränkt ihr Leben fristen.

Zanket nicht, hetzet nicht,
Jedem scheint das Sonnenlicht,
Laßt die Christen und die Juden,
Muselmänner, Botakuden;

Lasset alle ungestört,
Jede Feindlichkeit zerstört
Harmonien nah und fern!
Lobet alle Gott, den Herrn,
Dessen güt'ge Vorsicht hört
Solch Gezänke gar nicht gern!

Wehmütig,
Demütig,
Viel verkannt und tief gebeugt,
Ist der Mensch, vom Weib erzeugt.

Untergeh'nde Sonne, sprich,
Wird es ewig dauern,
All das düstere Mißgeschick,
All das dumpfe Trauern?

Brüderlich, brüderlich,
Nennt die Welt das Ideal,
Die Utopie, die einstmal
Sich verwirklicht feierlich.

Weißt Du was, ich will Dir sagen,
Was die Weltgeschichte ist:
Ein Gemisch von Trän' und Klagen,
Falschheit, Grausamkeit und List.

Auch Goethe war nicht unfehlbar,
Was auch die Goethe-Jünger meinen:
Was sich nicht schickt, schickt sich für keinen,
Für jeden das, was recht und wahr.

O Faust, Du Bild des Menschen,
Bald groß und klar, bald düster wild,
Wer Dich gemalt, er war an Kunst ein Riese,
Gigantisch war der Stoff, und schön gelang das Bild.

Nicht Farbe und nicht Glaube,
Sie trennen uns nicht mehr,
Es fiel der Zeit zum Raube,
Was uns geschmerzt so sehr.

Du willst verbinden, was sich ewig flieht,
Die Tugend mit dem ird'schen Glück?
Wie sich Dein Geist auch d'rum bemüht:
Eins weichet vor dem Anderen zurück.

Gott ist groß, Dein Sinn kann ihn nicht fassen —
Kannst Du Sterne zählen, Meeres Wellen? —
Liebe, Güte, Gnade, die er Dir erweist,
Sie notier', so viel Du kannst, wenn's auch unzählbar ist.

## DER SCHEINTOTE

Und er schlief und schlief so lange,
Daß ihn keine Macht mehr weckte —
Unsichtbar beim Grabgesange
Sich der Totgeglaubte streckte.

In die Wolken möcht' ich fliegen,
In die Sonne möcht' ich sehen!
Jedes Vorurteil besiegen
Und als Sieger vor Euch stehen.

Die Fenster sind gefroren,
Wie eis'ge Blümlein, schau:
Das sind die falschen Menschen,
Auf menschlich schöner Au!

Wie niedrig lächelt die Dirne,
Wie spiegelt sich drin ihr Herz,
Kein Lächeln ist's der Gestirne,
Nur Glanz von gemeinem Erz. —

Und der Himmel lacht mir wieder,
Und die Sonne scheinet hell,
Und es tauchen auf die Lieder
Wie ein unversiegter Quell.

An der Tugend nur genippet,
Und die Bosheit ausgetrunken, —
Also sind die armen Menschen
In ihr liebes »Ich« versunken.

Lauter Zank, 's ist eine Zeit des Leidens,
Alles freilich, es hat seine Zeit —
Zeit des Zankens — Hetzenszeit — des Meidens:
»Bet' und zanke« heißt's in neuster Zeit!

Auf der Höhe stehen Bäume,
Große Menschen haben Träume,
Träume, die im Himmel schweben,
Die nicht an der Scholle kleben.

Ist's der Dichtung Los
Traurig sein?
Schmerzen, klein und groß,
Zieh'n ins Herz hinein.

Schmerzen, klein und groß,
Ziehet endlich aus,
Nicht der Dichtung Los
Ziemet Weh und Graus.

Unnütz lyrisches Gesinge,
Unnütz lyrisches Geklinge
Gehst Du mir nicht aus dem Sinn,
Schreib' ich auf's Papier Dich hin.

## AUF ALLERLEI HETZEN

Das ist ein helles Zanken,
Ganz ohne Unterlaß,
Für dieses kurze Leben
Hat man nicht Zeit zum Haß! —

Die weiße Rose am längsten blüht,
Am stillsten das weiße Röslein glüht,
Am tiefsten fühlet ein reines Gemüt:
Daß Gott alle Beide vor Schaden behüt'!

Freundlich gucken meine Blicke,
Hoffnungsvoll den Himmel an,
Einem freundlichen Geschicke
Harrt getrost der fromme Mann.

Zu allem Guten sage ja,
Zu allem Bösen sage nein,
Das Eine dort, das And're da:
Beisammen können sie nicht sein.

❧❦❧

Dieselben Bäume hier wie dort,
Dieselben Gräslein hier wie dort,
Dieselbe Sprache hier wie dort,
Und dennoch bleibt's ein fremder Ort.

❧❦❧

Es stürmt so viel auf mich herein,
Mag sein, mag sein,
Das Gute findet doch Gedeih'n.
Auf einmal seh'n es alle ein.

❧❦❧

O ist's denn ganz unmöglich,
— Was doch nicht ganz unsäglich —
Daß alles glücklich wär'?
O, wenn's doch möglich wär'!

## AUF EINEN MÜSSIGGÄNGER

Was ist das Häßlichste auf Erden?
Das Häßlichste bist Du!
Du willst nicht wachsen, willst nicht werden
Du pflegst der süßen Ruh'!

## VOR SCHILLERS DENKMAL IN BERLIN

Hast erhoben die Nation,
Großer, deutscher Volkessohn,
Klein im Leben ward Dein Lohn —
Kleiner noch in Gyps und Ton.

Die Sonne gehet strahlend unter,
Nur scheinbar, Freund, nicht in der Tat —
Der Vorhang fällt so rasch herunter —
Daß man nur ihn gesehen hat. —

NERO

In den Augen meines Hundes
Liegt mein ganzes Glück,
All mein Innres, krankes, wundes
Heilt in seinem Blick.

Schöner Stern
Hab' Dich gern,
Schau'st in's Fensterlein,
Und ins Herz hinein.

Schönste Zier
Strahle mir,
Bist so ganz allein,
Stolzes Sternelein.

Dorten aus der grünen Hecke
An des Gartenzaunes Ecke
Schaut mein Schatz heraus:
Haare braun, nicht kraus;

Klein Gesichtchen rund,
Kirschenroter Mund;
Augen braun, nicht blau:
Wird bald meine Frau!

Gehabt euch wohl, Gott segne euch,
Euch alle im Sonnenlicht,
Dich Vöglein, Röslein, Immergrün,
Die Dornen und die — Würmer nicht! —

Die Aerzte Philosophen gleichen —
Der große staunt und betet an,
Der kleine sieht in Gottes Reichen
Sich selbst als größtes Wunder an. —

Beschränktheit absolut diktieret!
Die Weisheit bleibt ihr fremd und fern —
Wen nie der Genius berühret,
Ein solches Männchen täuscht sich gern.

Wer niemand über sich zum Richter,
Wer niemals sagt: ich weiß es nicht —
Der taugt zu keinem höh'ren Richter
Mit seinem unfehlbaren Licht.

Gott segne die Armen,
Gott segne sie,
Sein reiches Erbarmen
Verlasse sie nie! —

Die Armen, die Armen,
An Glauben so reich,
An Gottesvertrauen
Den Glücklichsten gleich! —

## VOR NEES VON ESENBECKS BILDNIS

Stillschweigend ruht der Blick auf der Geschichte
Menschlichen Treibens, menschlich Müh'n,
Und düster sie vorüber zieh'n,
Den bittern Unmut im Gesichte; —

Nur gleich Oasen in verbrannter Wüste,
Und kräftig schmucken Blättergrün,
Und wie die Meteore glüh'n
An Nordpols eisig rauher Küste.

So einzeln steht im Blatte der Geschichte
Das Große da auf seinen Höh'n —
Wir bleiben lange vor ihm steh'n,
Gleich wie beim Sonnenaufgangslichte! —

So stehn wir lange, Nees, vor Deinem Bilde,
Und stolzer unsre Wangen glühn,
Und unsre Blicke Funken sprühn,
Dir, hoher Meister, groß und milde!

Laut schlägt das Herz hier unter Deiner Büste
Horch allen, allen — ungestillt —
Schön wie gigantisch Säulenbild,
In Thebens prächt'ger Tempelwüste!

Doch stauntest Du, wenn Deinem sonn'gen
     Blicke,
Entgegen niedre Sklavenschar?
Es folgt die Schnecke nicht dem Aar,
Sie klebt an ihres Staubes Stücke. — —


## HERZOG GEORG BERNHARD

Blauer Himmel, Bergesluft,
Dunkler Hain und Blumenduft,
Zitternd glänzt auf grüner Au
Schon der frische Abendtau.

Kunstgebilde, Saitenklang,
Bei der Sonne Untergang,
Ganz allein am Waldessaum
Steht der Herzog wie im Traum.

Ja, des Herzogs Seele träumt,
Seine Lippen sind gereimt,
Und der Abendsonne Schein
Faßt sein schlichtes Bildnis ein.

Träumet er vom Wüstensand,
Von des Meeres grünem Strand,
Von der Welten Harmonie
Und der Wahrheit Poesie?

Träumet er von einem Licht,
Einstens strahlend — sichtbar nicht —
Jenes Wunderbild, es lebt,
über ihm im Himmel schwebt.

## AN MEINE MUTTER

Komm, Geliebte meiner Seele,
Komm und still' die Sehnsucht mir,
Meinen Schmerz ich nicht verhehle,
Wenn Du, ach, so fern von hier!

Dieses Hoffen, dieses Bangen,
Diese ew'ge Qual und Lust,
Dieses mächtige Verlangen,
Dieses Klopfen meiner Brust.

Doch es ist kein leeres Sehnen,
Ja, Du kehrst, Du kehrst zurück,
Schaust in meine Freudentränen,
Mit dem schönen, lieben Blick!

Wirst schon nie mehr von mir weichen,
Wirst schon niemals fort von mir,
Ach, es giebt nicht Deines Gleichen,
Mir ist doch nur wohl bei Dir!

## AN MEINE MUTTER

Ich wünsche Dir alles Gute,
Und wünsche Dir alles Glück!
Des Schicksals eiserne Rute,
Sie weiche vor Dir zurück!

Ich wünsche Dir schöne Träume,
Und schönere Wirklichkeit,
Und üppige Blütenbäume
Und stete Fröhlichkeit.

Ich wünsche Dir ein Jahrhundert,
Und Frische der Jugend dabei,

Damit sich ein Jeder verwundert,
Wie rüstig die Edle sei!

Doch was für mich ersehne,
Das ratest Du alsobald:
Mein Ohr vernehme Deine Töne,
So lang' ihm noch etwas schallt!

So lange es fähig zu hören! —
Mein Auge, so lange es sieht —
Sie mögen Dich sehen und hören!
Mein Herz, das für Dich erglüht!

Es möge Dich wonniglich fühlen,
Bevor es von hinnen zieht!
Dann scheid' ich mit Dankesgefühlen
Mit einem zufriedenen Lied!

## ZUM 9. JULI,
## DEM TODESTAGE DERSELBEN

Erde stehe still, Sonne scheine nicht,
Fürchterlich ist dieser Tag!
Jenes Engelsangesicht
Sterbend mir vor Augen lag.

Sonne scheine dort, wo dorten sie erschien —
Strahlen wirf auf ihren Pfad,
Englein alle müßt entgegenziehn,
Wenn die Allerreinste naht!

Ewig, ewig waren wir vereint,
Eins in Wort, Gedanke, Tat,
Uns nur Gott geschieden hat! —
Daß er unser Fleh'n verneint,
Uns im Tode nicht vereint,
Ist verhüllt in seinem Rat! —

# JETZT

Grüßt mich mein Mutterlieb?
Ist ihr nicht bang?
Ach, schon so lang,
Ist's, daß sie fortblieb:

Dort in der Ferne
Kreisen die Sterne,
Sphärische Lieder,
Rauschend Gefieder,

Dorten ihr Bild.
Seh'n wir uns wieder,
Tönen die Lieder.
Mutterlieb, mild!

Wo sich Epheu schlingt,
Eine Hand mir winkt,
In der Mutter Gruft
Eine Stimme ruft:
Dich hab' ich geliebt! —

Weine nicht, mein Kind,
Unsterblich wir sind,
Seh'n uns wieder einst,
Unwürdig Du weinst,
Gott uns wieder giebt!

Meiner Mutter lichtes Bild,
Meiner Mutter sanft Gesicht.
Meiner Mutter braune Augen,
Alles dieses seh' ich nicht.

Aber tief im Busen lebt,
All der unversehrte Glanz,
Ihres Wesens Schönheit schwebt
Ueber mir im Himmel ganz!

Zwei Blümlein blühen am Aronstab,
Ach, beide überdauern das Grab;
Das weiße liebliche Blümelein,
Das schenkte mir mein Mütterlein.

Mein Mütterlein, so hold und rein,
Wie dieses lichte Blümelein:
Ihr Blümlein überdauert das Grab,
Im Jenseits grünet der Aronstab!

Eine Blüte seh' ich prangen,
Eine Blüte rosenrot,
Hält mein ganzes Herz gefangen,
Ach, mein Herz — ich glaubt' es tot.

Ach, meine Mutter, fänd' ich Dich wieder —
Ach, in der Welten unendlichem Raum,
So würd' ich Dich suchen mit allen Kräften,
Wie jetzt ich Dich suche im Wachen und Traum.

## VOR DER MUTTER BILD

Fast strenge sah sie zu mir nieder —
»Gefallen Dir nicht meine Lieder,
Die ich ja oftmals von Dir singe?
Bin ich nicht gut und treu und bieder?
Und tu' ich jemals schlechte Dinge?«

## Antwort

»Du tuest gut, doch nicht so, wie Du's solltest,
Und lange nicht so gut, als wie Du's wolltest —
Dir ward das höchste, schwerste Ziel: Erringe
Es ganz! Sonst sieht es aus, als wenn du schmolltest,
Daß aufgegeben Dir die größten Dinge!«

❦

Wenn man die Mütter aus der Erde graben könnte,
Dann würden alle Menschenhände graben,
Mit einer Eil', als wenn es brennte:
Denn jeder will die Mutter wieder haben.

Wenn man die Mütter aus der Erde könnte graben,
Dann wäre Sonnenschein bei Tag und Nacht auf Erden,
Und alle würden wieder frohe Kinder werden,
Wenn sie die Mütter würden wieder haben.

Ein Jubelschrei, er würde rings ertönen,
Ein Glück bei Armen und bei Reichen
Ach, reich sind alle, welche nie vom Mutterherzen
        weichen. —

Ein Lieben ohne End' und Gleichen —
Das Wiederseh'n nach lang' getrag'nem Sehnen,
Nach stillen, lauten, heißen Tränen! —


## KLARA WURAS

Klara Wuras, lebst nicht mehr,
Bist der Welt so ganz entrückt?
Eine Blüte schon geknickt —
Ach, an Tönen warst ein Meer.

Tausend Melodien strömten,
Brausten, Klara, auf's Klavier —
Ließest Deine Saiten hier?
Deiner Töne Schmelz — verschämten? —

Venezianisch süße Lieder —
Deiner Brautfahrt Melodei —
Klinget in dem Herzen wieder. —

Goldne Wogen, strömt herbei —
Rauschen wie des Aars Gefieder —
Klara's große Phantasei.


## AN DIEJENIGE,
## WELCHE IMMER DAS BÖSE
## VON MIR ABWEHRTE

Vom Himmel schau hernieder
Und segne meine Lieder,
Und halte Bosheit fern,
Ich meide sie so gern;
Die Bosheit eilt mir nach,
Ist ewig für mich wach,
Verfolgt mich schon so lange:
Die dumme gift'ge Schlange!

Sei ein Held, ertrag die Leiden,
Laß Dein Aug' daran sich weiden,
Laß Dein Aug' daran sich weiden,
Sei ein Held, ertrag' die Leiden.

Depuis que je suis née, j'ai vu la calomnie
Exhaler le venin de sa bouche impunie.*
Voltaire

Kennt ihr sie nicht, die böse bunte Schlange,
Die vom Gebüsch die Ferse sticht?
Sie schleicht verderbend auf dem Gange,
Und tretet nie vor's Angesicht.

Ihr Weg ist Mord, allein ganz ungefährdet
Vergiftet sie aus dem Versteck,
Horch, zischend sie im Staube sich geberdet:
O Menschen, schafft das Monstrum weg!

## FRANZENSBAD

Auf der Franzensbader Höhe
Steht ein prächtig Säulenbild,
Franz der Kaiser, wie im Leben,
Würdig, sinnig, ernst und mild.

Welcher Meißel, welcher Zauber
Hält die Blicke festgebannt,
Schönes letztes Werk des Künstlers,
Schwanenthalers Meisterhand.

Graf von Münch von Bellinghausen,
Dessen Name einst ein Glanz,
Weihte jenes große Denkmal
Seinem Freunde Kaiser Franz.

## HANNAH THORSCH

Eine Blüte abgefallen! —
Ach, die lieblichste von allen,
Unsre Hannah fiel,
Hin ist Lust und Spiel.

* [(franz.) Seit ich denken kann, sah ich die Verleum-
dung ungestraft ihr Gift verspritzen.]

Alle Freuden jäh verhallen,
Klagen überall erschallen,
Ach, noch oft und viel,
Ohne Zweck und Ziel. —

Klaget nicht, die Seelen leben,
Glücklicher sie sich erheben,
Und von Welt zu Welt sie schweben —
Ganz entrückt dem niedren Staube,
Keinem Schmerze je zum Raube:
Das ist des Deisten Glaube!

## DAS LEBEN

Schwestern, Brüder, laßt uns leben,
Leben ist gar hohes Gut,
Machet stark die freie Seele,
Frischet auf den Lebensmut!

Ist das Herz Euch so verdorben,
Daß das Leben Euch nicht lieb?
Ist das Feuer schon erstorben,
Daß der Geist Euch schwach und trüb?

O vergeudet nicht die Kräfte
In der eitlen Sinnenlust!
Werfet ab den Staub zur Erde,
Wenn Ihr euch des Staubs bewußt!

Schließt das Leben in die Arme,
Bis es Euch zum Herzen dringt,
Laßt den Arm nicht kraftlos hängen,
Der das Gute gern vollbringt!

O die Macht, die uns gegeben,
Wer weiß, ob sie wiederkehrt?
Ob die Macht, die klein uns dünket,
Einst uns auch noch angehört?

Brüder, Kindheit ist das Leben
Eines höhern Lebens dort.
Laßt der Kindheit würdig leben:
Gott hält uns dort droben Wort.

## HEINRICH HEINE

Ruh' in Frieden, großer Dichter,
Ruh' in Frieden, Dichtergeist,
Ruh' in Frieden, Herz voll Saiten,
Das kein Mißton mehr zerreißt.

Oder singe, spiele weiter,
In der selbstgeschaff'nen Art
Jener Lieder süße Worte,
Unvergleichlich, geistvoll, zart:

Von des Fichtenbaumes Träumen
In des Nordens kalter Höh',
Von der armen Sünderblume,
Von Ramiro's düstrem Weh'!

Singe in des Himmels Sphäre,
Alle Engel stimmen ein,
Witzli Putzli sei vergeben —
Alle Poesie ist rein!

## FÜR FERDINAND FREILIGRATH

Liebt die Dichter! Seh't, sie geben
Euch das Beste, was es giebt!
Sie verschönern Euch das Leben,
Dankbar Gegenliebe üb't!

Blümlein wachsen, Wolken ziehen,
Im Verborgenen wächst Metall,
Eise brechen, Sonnen glühen,
Im Kontrast gedeiht das All!

Jedes soll vom Seinen geben,
Schönheit wird zur Harmonie,
Reicher, edler wird das Streben,
Es entsteht die Poesie! —

Kennt ihr nicht der Blumen »Rache«?
Nicht des Schwarzwalds braune Maid?
Eines Volkes Ehrensache
Ist des Dichters Feierkleid!


## LEIPZIGER LERCHEN

Die lieblichen Sänger des Feldes
Ach, nackt und zum Fraße bereit,
Ihr werdet doch Lerchen nicht essen?
Mein Gott, ihr wär't nicht gescheit!

Die Lerche, die wahre Poetin,
Zum Himmel sich schwingend hinauf,
Ihr Nestlein ach sorglos am Boden,
Die Senner, sie treten darauf.

Allein der Bauer vom Lande,
Er hat ein natürliches Herz, —
Mit Schonung schwingt er die Sense,
Die Sense von Stahl und Erz.

In Leipzig aber da schlachten
Die singenden Kehlchen sie,
— Ach, nackt und zart zum Erbarmen —
Ein Schlachten der Poesie!

# DROSCHKAU

Gott im Himmel, sei gnädig,
Schütze dieses Dorf!
Schütze diese grünen Auen,
Diesen Moor und Torf.

Diese Wiesen, diese Felder,
Dieses stille Tal,
Diese dunklen Fichtenwälder,
Sängers Ideal!

# AUF DAS ZIMMER MEINES VATERS, DES RITTERGUTSBESITZERS JOACHIM KEMPNER

Fast verfallen ist das Fenster,
Keiner wohnt im Zimmer drin,
Der Erinnerung Gespenster,
Sie umnebeln meinen Sinn. —

Wohnt der Vater nicht leibhaftig,
Wie das Leben selber drin?
Wünschend, wollend, einzig-kräftig,
Stets mit einem frischen Sinn? —

Blaue Augen, braune Haare,
Stark und groß, ein Riese fast,
Ungebleicht, trotz sechzig Jahre,
Urgeschäftig ohne Rast!

Und verschwunden ist das Alles,
Die lebendige Gestalt,
Und kein Nachhall eines Schalles,
Mehr aus diesen Fenstern schallt!!

O, die Träume nur, sie leben,
Und die Wirklichkeit sie stirbt, —
Nur der Dichtung Reich entschweben
Geister, die kein Hauch verdirbt!

Ihr wißt wohl, wen ich meine,
Die Stadt liegt an der Seine,
Entschieden ist's die schönste Stadt,
Die man wohl je gesehen hat.

Ihr Haar ist lang und ist auch dicht,
Sie hat ein wunderbar Gesicht,
Und zauberhaft wie ein Gedicht
Ihr Laut zu meinem Herzen spricht.

Du kennst ach, die Geschichte nicht,
Und wie das Herz ihr brach und bricht
Der Mond mit rotem Scheine
Beleuchtet Stadt und Seine.

Auf des Lebens Ocean
Fährt der Dampfer stolz geehrt,
Mancher, ach, im schwanken Kahn
Stehend jeder Welle wehrt.

Seh't das Schiff mit sicherer Hast
Fast im Hafen liegt —

Und der Nachen ohne Rast
Auf den Wogen fliegt.

Himmelhoch und abgrundstief
— Gott, der Mensch zu Hilfe rief —
Endlich er vor Anker lief!
Doch es rennt des Dampfers Last
An der Klippen mächt'gen Ast
Und zerschellet Kiel und Mast. —


## DAS LIED DER BRAVEN FRAU*

Ein Jeder kennt im deutschen Gau
Das Lied vom braven Mann.
Mit Recht so mancher fragen kann:
Giebt's keine brave Frau? —

Die »brave Frau« ist mir bekannt:
Wer kühn das Vorurteil zertritt,
Voraus uns geht mit Riesenschritt —
Ein Beispiel für das ganze Land; —

Was uns're Zeit begriffen kaum,
Was mancher kaum zu denken wagt,
Die »brave Frau« gab unverzagt
In wackrer Tat der Wahrheit Raum! —

»Der Wahrheit Raum«, der erste Schritt
Im Kampf für alle, aller Wohl —
Das ist das Allerbravste wohl —
Wo mancher Held schon seitwärts glitt. —

Dies Lied sing' ich der braven Frau,
Die einfach »Christel Wiesen« heißt,
Gefeiert sei ihr Herz und Geist,
Als Vorbild hoch im deutschen Gau.

* Frau Wiesen aus Egestorf erklärte sich zuerst für
die Leichenverbrennung. A. d. V.

## DEM PRIESTER-PHILANTHROPEN
## FRANZ MARSON

Gleich selten auf dem Throne,
Wie im geweihten Kleid,
Ein Rätsel für die And'ren,
Wer And'ren sich geweiht.

❦

Daktylen und Jamben, Trochäen,
Sie schließ' ich in einen Bund,
Die Regel, sie ewig zu trennen
Hat keinen vernüft'gen Grund.

Nicht Stände gibt es und Kasten
Im Reiche der Poesie,
Das Mannigfache im Schönen,
Es bildet die Harmonie.


## MEINER SCHWESTER LUISE
## ZUM GEBURTSTAGE

Blätter rauschen
Wunderreigen,
Vögel lauschen
In den Zweigen
Und das Purpurröslein blüht.

Maienwonne
Herrlich milde;
Vor der Sonne
Zauberbilde
Singt das Vögelein ein Lied:

159

»Laut're Schöne,
Strahlend Feuer,
Horch, die Töne
Meiner Leier
Hat mein Herz für Dich entbrannt!

Deinem Glanze,
Purpurlichte,
Weih' ich ganze
Sinngedichte,
Die der Himmel mir gesandt.

Kühne Träume,
Rebenranken,
Blütenbäume
Der Gedanken,
Eine ungezählte Schar! —

Vogellieder,
Vogelweise,
Klangen wieder
Ernst und leise
Tief in meiner Brust.

Und ich dachte:
Poesien,
Vögleins sachte
Melodien,
Sie besitzen, welche Lust.

Einer Holden,
Strahlend prächtig,
Haare golden,
Miene andächtig,
Lippen schön und treu und wahr.

Ihre Blicke,
Züge, milde,
— Wie Antique
Auf dem Bilde —
Würd' ich bringen den Gesang!« —


## SENIOR HERMANN BÖDEKER

Von Goethes Anblick überrascht,
Nach Worten einst ein Kaiser hascht,
Er sah ihn lange forschend an,
Und rief dann aus: »Das ist ein Mann!«

Ein wahrer Mensch — ja, ja, ganz recht
Des Menschen Typus ganz und echt,
Trägt an der Stirn ein geistig Mal
Von seinem innern Ideal:

Wenn Wahrheit kündend die Gestalt
Das Schöne zeigt mit Allgewalt, —
Und tatverkündend vor uns tritt
Mit menschlich schönem Heldenschritt.

Dann sind wir tief und froh bewegt,
Und unser Herz nur Segen hegt:
Denn selten ist der Anblick nur
In uns'rer kleinlichen Natur.

Man rühmt als große Seltenheit
Das Götterfeuer Menschlichkeit, —
(Es reiht Geschlecht sich an Geschlecht,
Selbstsüchtig, kleinlich, ungerecht!)

Ihr Funken hat fast ausgesprüht,
Er lodert nicht, und nicht er glüht —
Als Irrlicht nur noch auf dem Plan,
Stirbt er im Sumpf — im dunklen Wahn. —

Wie anders ist's bei Dir: hinauf
Zum Himmel schlägt die Flamme auf,
Als Leuchte spendend rings ihr Licht,
Dein Name, er verlöschet nicht!

Es sitzt der Dichter zu Gericht,
Sein Urteil schreibt er im Gedicht,
Und wer dem Ideale gleicht,
Begeistert er die Palme reicht.

## AUGUST BÖCKH

Böckh ist tot! Aeolsharfen spielet,
Trauerweide, senke Dich hinab!
Grüner Lorbeer, schlanke Palme,
Werfet Schatten auf des Griechen Grab!

Geist des Böckh! Offen sind die Hallen,
Freude herrschet im Elysium!
Lauten Jubel hört man drin erschallen.
Horcht, man feiert seinen Ruhm!

Chor der Griechen! Dankbar froh, vor allen
Drücken die Athener ihm die Hand,
Götter zeigen ihm ihr Wohlgefallen,
Psyche selber einen Lorbeer wand.

Böckh ist tot, Aeolsharfen spielet,
Trauerweide, senke Dich hinab,
Grüner Lorbeer, schlanke Palme,
Werfet Schatten auf des Weisen Grab!

## AN LITA ZU P.,
### welche unbekannterweise einen Vers
### von mir wünschte*

Einen Vers hast Du bestellt,
Poesie scheint Deine Welt,
Denn wer selber Poesie,
Liebet und verehret sie.

Zeige Du Dein eigen Sein,
Laß mich in Dein Leben ein,
Auch das Herz ist stammverwandt
Sympathie von Gott gesandt.

Blümlein auf der Au,
Rein und wunderblau,
Sag', was zitterst so?
Stürmt es irgendwo?

Bächlein silberblau,
Bächlein durch die Au',
Gürtel, ziehest so,
Mündest irgendwo?

Fischlein auf dem Grund,
Mit dem Aeuglein klein,
Fischlein schlank und bunt;

Wag' es, Fischlein mein,
Wag's zur guten Stund',
Schwimm ins Meer hinein!

* *Ursprünglich:* An L. zu P., welche
unbekannterweise meine Handschrift
oder einen Vers von mir wünschte.

## THADDÄUS GORA

Purpurn glänzt die Abendröte,
Still der Prosna zugekehrt,
Frauenbild man beten hört.
Warum weint Frau Margarete?

Fremdling, frägst, warum ich bete?
Hast von der Legion gehört,
Die, vom Schwerte aufgezehrt
Polens Boden blutig säte?

Lieber Sohn war mit dabei,
Hochgelehrt und achtzehn Jahr,
Stärker war die Tyrannei,

Reicht' das Schwert ihm selber dar
Fremdling, eine Träne weih:
Polens Asche, sei fruchtbar! —


## NERO'S ANGEDENKEN

Wo bist Du hin, Du liebes Tier,
Das mir so treu gewesen,
Das sich vor Freuden nicht fassen konnt',
Durft' es in meinen Blicken lesen;

Das hoch hinauf zum Wagen sprang
Mit wonnigem Geschreie,
Wenn ich nach Haus zurückgekehrt:
Ein solches Herz ist Weihe!

Ein solches Herz vergehet nicht,
Es lebt zu allen Zeiten,
Die Seele nur erkennt und liebt,
Nur Toren es bestreiten.

Wär ich ein Vögelein
Und wär' ich noch so klein,
Flög' ich von Feld zu Feld
Rasch durch die ganze Welt.

Man sagt, die Liebe wäre blind,
Ich sage: Haß und Groll es sind:
Von Einsicht seh' ich keine Spur,
Die Hasser hassen eben nur. —

## ZUM 70JÄHRIGEN GEBURTSTAGE EINES ONKELS

Was auch die Menschen trennt, die Geister scheidet,
Eins gibt's, was alle Welt verehrt,
Die Tugend mit dem Strahlenkranze,
Die uns sich selbst vergessen lehrt.

Wer so wie Du in ihr gelebt, gewandelt,
Sie liebend keinen Augenblick verließ,
Mit aller Kraft und Lust nur gut gehandelt,
Zu jeder Zeit man gerne pries!

Ob viel geprüft, gekämpft, ob viel gelitten,
Bewußtsein heißt das inn're Glück,
Den Allerbesten ward nicht mehr beschieden —
Kein höh'res strahlt vom Thron zurück. —

Oft ist verhaßt
Und gilt als Last
Wer engelsrein,
Denn nur der Schein
Und der Bombast
Er gilt allein.

Goldne Träume ging't verloren,
In des Lebens Dunkelheit,
Blieb't zum Traume auserkoren!
Traum ist keine Wirklichkeit. —

Nicht im Reichtum wohnt das Glück,
Ach, es weichet scheu zurück
Vor den vielen Eitelkeiten,
Die sich rasch durch's Geld bereiten.

Nicht im Reichtum wohnt das Glück,
Ach, es weichet scheu zurück
Vor dem vielen Ueberflusse
Und dem dummen Scheingenusse.

## ALS JEMAND BEIM ANBLICK
## EINER ARMEN FRAU
## DEN KOPF WEGWENDETE

Wendest Deinen Blick Du nicht,
Weil das Mitleid zu Dir spricht?
Spricht von Deiner Menschenpflicht?
Mensch, o täusch' Dich selber nicht,
Wende nur den Kopf zurück:
Helfen ist das größte Glück! —

Grüne Saaten, grüne Blätter,
Braune Stämme, gelber Schilf,
Ach, der Landmann mit den Sorgen,
Gott, dem armen Landmann hilf!

Sperrt euch ein in große Städte,
Atmet ein die dicke Luft,
Die ein And'rer ausgeatmet —
Unbeschreiblich süßer Duft!
Brauchet dann noch eine Kur,
Eine Morphium-Mixtur,
Und ihr bauet eine Kluft
Zwischen euch und der Natur:
Ach, ihr bauet eure Gruft!

## KÄLTE

Kälte, eis'ge Kälte
Wärme nur belebt!
Auf so manchem Antlitz
Ganzes Eismeer schwebt. —

## DER EGOIST

Und schliefest Du, Schläfer, noch einmal so lang,
Erwachen wirst Du schwer und bang
Im liebeleeren Raume —
Aus Deiner Selbstsucht Traume —
Dein »ich« so traurig und so bang —
Und das Erwachen währet lang.

## FELDARBEIT

Arme Menschen, arme Tiere,
Ist's noch finster, müßt ihr raus!
Arme Tiere, arme Menschen,
Lang' ist's finster, geht's nach Haus. —

Ein Reiter auf der Haide,
Er trägt ein Wams von Seide,
Ein weißes Wams, 'n schwarzen Hut,
Er scheinet noch ein junges Blut,
Er scheinet noch ein junges Blut.

Er führt sein Pferd zur Weide,
Zu einer Trauerweide,
Dort harret, ach, die Liebste sein
Mit Augen frisch, wie Bächelein,
Mit Augen frisch, wie Bächelein.

»Du, meine Augenweide,
Mein Blümlein auf der Haide,
Du gleichst dem Reh im dichten Wald,
An wunderlieblicher Gestalt,
An wunderlieblicher Gestalt!«

So schmeichelt auf der Haide
Der Ritter in der Seide,
Der frischen, schlanken Bauernmaid:
Er hat sie aber nie gefreit,
Er hat sie aber nie gefreit.

Der Mond erscheint,
Er hat geweint.
Man sieht es ihm an,
Dem traurigen Mann.

Aus jenen Höh'n
Hat er geseh'n

Des Bösen so viel —
Gefährliches Spiel. —

Die Menschen all',
Sie spielen Ball
Mit jeglichem Gut,
Mit Flamme und Glut;

Der Weisheit taub,
Der Torheit Raub,
Dem Bösen so hold,
Und so hold dem — Gold.

Der Mond erscheint,
Ach, ganz verweint,
Er sah zu viel
Vom bösen Spiel.

❦

Zertrümmert das Leben,
Zertrümmert das Glück,
Die Freuden, sie schweben,
Ach, niemals zurück.

Geopfert das Leben
Der höchsten Idee —
Umsonst es gegeben —
Wem tät' es nicht weh?

Geopfert das Leben
Dem menschlichen Glück,
Sie schlugen das Streben,
Zerschlugen's in Stück'. —

Geopfert das Leben
Der höchsten Idee —
Umsonst es gegeben:
Wem tät' es nicht weh!

## LORD BYRON

Eine Blume blühet
Dunkler Horizont —
Bei dem schweren Wetter
Schwerlich sie sich sonnt.

Eine Blume blühet —
Dunkler Horizont —
Schwarze Wellen peitschet,
Schäumt der Hellespont;

Eines Mannes Hand
Tauchet oben auf
In der Fluten Lauf.

Byron schwamm an's Land,
Wo die Blume stand,
Gab den Geist er auf.

Die Wolken sich türmen
Am himmlischen Zelt,
Gepeitschet von Stürmen
Ein Strahl sie erhellt;

Ein Sonnenstrahl eilet,
Zerstreuet sie bald,

Im Nu sie zerteilet
Des Lichtes Gewalt.

Im menschlichen Leben
Erleuchtet ein Strahl
Des Friedens manchmal
Die menschliche Qual:
Die Wolken entschweben,
Die Freuden sich heben.


## LIED

An Waldes Saum, an Waldes Saum,
Da träumt das Blümlein einen Traum,
Da träumt das Blümlein einen Traum.

»Mir ist so weh, mir ist so bang,
Drum sing' ich diesen Minnesang,
Drum sing' ich diesen Minnesang;

Ihr Zauberblick, ihr Riesenschritt,
Er nahm mir all' die Ruhe mit,
Er nahm mir all' die Ruhe mit.«

Zu Ende war des Blümleins Lied,
Das Blümlein sang's und es verschied —
Das Blümlein sang's und es verschied. —

Wen es wohl so geliebet hat,
Das blaue Blümlein todesmatt?
Das blaue Blümlein todesmatt?

Ich wette, ihr erratet's nicht,
Drum sag' ich's euch ins Angesicht,
Drum sag' ich's euch ins Angesicht:

Das Blümlein hat die Pflicht geliebt —
Die Pflicht hat seinen Kelch zerstiebt,
Die Pflicht hat seinen Kelch zerstiebt.

Und als man ihm ins Herze sah,
Da lag das Herz entblättert da,
Da lag das Herz entblättert da.

***

Kennst Du vielleicht ein Land,
Wo keine Bösen sind?
Das wär' mein Lieblingsland,
Ich ginge hin geschwind.

Kennst Du vielleicht ein Land,
Wo niemand Böses tut?
Das wär' mein Wunderland,
Für das gäb' ich mein Blut!

***

Bitterböse ist das Leben,
Und vergeblich alles Streben
Nach dem höh'ren Ziel:
Alles bleibt ein Spiel,
Illusionen uns umschweben,
Die sich nie als Wahrheit geben.

***

Menschliche Hilfe ist bald kaput,
Göttliche Hilfe allein es tut. —

***

Mich greift die Langeweile,
Ich schreibe keine Zeile,
Kein Vogel gedeiht in solcher Luft,
Wo alles nur nach Gelde ruft;
Wo alles raset nach Gewinn,
Kommt einem gar kein Lied in Sinn;
Die Bäume stehen öd' und leer,
Man hört kein einzig Zwitschern mehr!

## STIMMUNG

Kalt von außen und von innen,
Alles kalt und freudlos nur,
Und von Wärme und von Sonne
Und von Wonne keine Spur.

Auf meinem Gesicht
Steht ein Gedicht,
Drin ist zu lesen,
Wie's stets gewesen.

Der Traum der Poesie.
Der Reiz der Phantasie,
Der Kindheit Glück:
Nichts kehrt zurück.


## VOR MEINER MUTTER BILD

Ich sah Dich heut im Traume
An eines Waldes Saume,
Du sprachst ein großes Wort:
»Mein Kind, geh' eilig fort.

Auf, zögere nicht mit Säumen,
In lieblos engen Räumen
Versteht man kein Gedicht
Und auch — Dich selber nicht!«

## VOR DEMSELBEN BILDE
## MEINER MUTTER

Wenn Du noch wärst am Leben,
Dann lohnte sich's fürwahr —
Doch da Du nicht am Leben,
So lohnt sich's nimmerdar.

Goldner Sonnenschein
Steigt zum Fenster ein:
»Weil Du so allein
Will ich bei Dir sein.«

## GEGEN DEN SELBSTMORD

Hinab in die Flut, hinab in den Tod,
In das sehnlichst erwartete Nichts,
Kein neues Tagen, kein Morgenrot,
Und kein Funken lebendigen Lichts. —

Betrogener Wahn, ach allüberall
Ein neues Tagen, ein Morgenrot,
Stets kreiset ein neuer Sonnenball:
Und es gibt, ach, gar keinen Tod.

Die Nachtigall schlägt,
Der Frühling ist da,
Das Herz ist bewegt,
Die Freude ist nah!

Die Freude ist nah,
Das Herz ist bewegt,
Der Frühling ist da,
Die Nachtigall schlägt!

Ich weiß eine große Geschichte,
Die Meisten *fühlen* sie nur:
Das Leben ist ein Gedichte
— Und oft eine schwere Kur. —

Verschieden sind ja Gedichte,
Das eine rosig und licht,
Das andere hat Bleigewichte,
Und macht ein bittres Gesicht.

## DIE STILLE TRÄNE

Die Träne, ach, die stille,
Nur sie, sie brennet heiß,
In ihr wohnet der Wille:
»Daß niemand davon weiß —«

Daß niemand ahne, es sähe,
Wie sie dem Auge entquillt,
Ein Auge in höchster Höhe
Sie dennoch siehet und — stillt.

Nicht immer ganz — nicht immer —
Oft bleibt zurück ein Schimmer,
Ein glänzend feuchter Glanz —
Wie Perlen oder Glimmer —
Und trocknet sie erst ganz,
Winkt jäh ein Lorbeerkranz!

Deutsche Bildung, deutsche Sitte,
Deutsche Hetze, Kampfkultur,
Kultivierte Kämpfe nur,
Humanisten, schweigt, ich bitte,
Denn im goldnen Reich der Mitte
Ist von Hetze keine Spur.
Und ob solcher Unnatur,
Lacht Franzose, Däne, Britte.

Großer Friedrich, armer Kant,
Leibniz, Lessing, Hufeland,
Jäh vergessen von der Welt,
Wenn Sophist und Köter bellt,
Wird das deutsche Vaterland
Gar mit Rußland gleichgestellt.


WINTERGEMÄLDE

Es schneit im Wald
Unheimlich kalt,
Ein Mann versinkt im Schnee;
Sein Ach, sein Weh,
Verhallet bald
Im tiefen Wald.

Die Jagd, sie naht,
Zertritt die Saat;
Ein angeschossen Reh
Versinkt im Schnee,
Die Büchse knallt,
Der Schuß verhallt.

Unschuldig verurteilt sein,
Ist ein Unglück, das nicht klein,
Doch natürlich ist es fast
Trifft den Richter keine Last —

Keine Schuld — ach unfehlbar!
Ob ein Richter stets es war?
Straflos muß ein Richter sein?
Darauf sagt ein Jeder nein!

## HUNDEGEBELL IM FLEISCHERLADEN

Mit Hunden hetzen sie das arme Tier,
Mit Kolben stoßen sie's zu Tod!
Ist's nicht genug an Wein und Brot?
Nach Blut lechzt die Begier.

Von Moral ist keine Spur.
Alles strebt nach Schlauheit nur,
Jeden listigen Betrug
Nennt man »Usus«, oft auch »klug«.

Kränk' Dich nicht,
Gräm' Dich nicht,
Plötzlich scheinet Sonnenlicht,
Auch die Finsternis wird hell,
Auch das Glück, es schreitet schnell —
Und verstummt ist das Gebell!

Versunken ist das Glück
In bodenlose Tiefe,
Nichts bringt's zurück:
Es ist, als wenn die Gottheit schliefe. —

## BEIM ANBLICK EINES PRACHTVOLL GEWESENEN BUKETTS

So sieht es aus das Irdische
Nach kurzer Zeit!
Das sind die blendenden Irrwische
Der Zeitlichkeit!

Es schläft die Welt, es ruhen alle Herzen,
Nur meines nicht —
Bei mir brennt Licht:
Ob Bösewichter Herzen haben?
Wie ist solch dunkeln Rätsels Sinn zu lösen?
Sie denken nicht! —
Und nur Phantome, ferne Schreckensbilder,
Sind ihnen Recht und Pflicht.

Besessen ist die Welt
Von Eigennutz und Geld,
Und alles zum —
Verzweifeln dumm!

Parteilichkeit, Parteienhaß,
Das schaut so grün und wird so blaß —
Von Schlang' und Nesseln ein Gewühl! —
Welch unnatürliches Gefühl!
Welch unnatürliches Gefühl!

O kurze Zeit des Lebens Zeit,
Noch kürzer durch Parteilichkeit
In Konfession und Politik:
Parteienhaß hat keinen Schick!
Parteienhaß hat keinen Schick!

Ginge es nach meinem Herzen,
Würde allen ich vergeben,
Allen denen, welche leben:
Jene tausend Qual und Schmerzen,
Welche sie mich ließen leiden,
Kann sie darum nicht beneiden —
Wälzten sich in Gold und Kot —
Ach — ihr Leben gleicht dem Tod.

Gibt's ein Glück?
Gab's ein Glück?
Ich bezweifl' es sehr!
Gibt es ohne Sturm und Angst
Irgendwo ein Meer?

Der Himmel ist hell,
Das Feld, es ist weiß,
Es leuchten so kalt in der Ferne
Unzählige silberne Sterne.

Die Nacht ist lang,
Der Traum ist bang,
Viel Geister, sie fehlen hienieden,
Geb' Gott den Fehlenden Frieden!

O Gott, Du weißt am besten, was uns frommt
Und gut ist alles, was von Deiner Güte kommt,
Allein die Menschen sind so schwach:
Sieh' ihnen lieber alles nach!

Es eilt der Fluß
Die Wiese entlang,
Ein Vöglein hüpft
Dabei und sang,
Doch da der Fluß
Kein Ende nahm,
Das Vöglein müd
Zurücke kam,
Und sang nicht mehr
Und grämt sich sehr,
Weil's, ach, so schwer —
Ach, gar so schwer,
Und freut sich nie:
Weil alle Müh'
Ihm nicht gedieh —
Ihm nicht gedieh.

Im Traum sah ich die Mutter heut,
O golden süßer Traum! —
Ich sah sie so schön und wunderbar,
Wie oft im Leben kaum.

Was kommst Du zu verkünden mir,
Du liebes Engelsbild? —
»Mein Kind, vergib die Sünden all',
Sei immer gut und mild!

Sei auch den Sündern gut gesinnt,
Die Lüge ist ihr Brauch —
Ein täglich wiederkehrend Gift —
Vergib den Sündern auch.«

Einen Vers soll ich Dir machen:
Verse, Freund, sie sind verschieden
Wie das Leben ist hienieden
Oft sehr ernst und oft zum Lachen —
Einen heitern will ich machen:
Heiterkeit sei Dir beschieden,
Allen denen, die hienieden
Man kein X für U kann machen; —
Den Studenten,
Die nie flennten,
Nie in falsche Schlingen rennten,
Die mit eignen Ohren hören,
Nie auf eine Dummheit schwören,
Nimmer süßlich sich betören. —

## VERSCHIEDENHEIT IST NÖTIG

»Ach wären all' von einem Glauben!
Ach gäb's nur eine Sorte Trauben,
Auch gelbe nicht und blaue nicht,
Und gäb's nur einerlei Gedicht —

Und einerlei sei das Gesicht,
Und überall ein dunkel Licht,
Ach, wären all' von einem Glauben
Und gäb's nur eine Sorte Trauben!«


## WAHRHEIT

Der Abend dämmert weich und mild,
Nichts stört des Schweigens Stille,
Da tritt der Mond hervor aus seiner Hülle,
Beleuchtend ein erhabenes Bild.

Die Kokospalme blüht und der Granatbaum brennt
Im frischen menschenhohen Grase,
Ist dies die menschliche Oase,
Wo man nicht Haß, noch Liebe kennt?

Im Schatten eines Palmenhains,
Im weißen Kleid mit langen Haaren
Da kniet die Priesterin von achtzehn Jahren,
Bestrahlt vom Licht des Mondenscheins.

Sie spricht ein wunderbar Gebet,
Horch, was sie leise innig fleht:
*»Verbann', was Deine Welt entstellt,*
*Verbann' die Lüge von der Welt.«*


## DAS MÄDCHEN VOM SEE

Es toben die Wellen des Meeres,
Sie heben ein Weib in die Höh',
Wer bist Du, lichtes Bildnis,
Bist Du das Mädchen vom See?

Ich bin einstmal versunken
Im tiefen Meeresschlund,
Doch wenn die Sonne goldig

Bestrahlt den tiefen Grund,
Dann steig' ich in die Höh':
Denn *mir* gehört die See.

❧

Des Abends letztes Gold,
Es spiegelt sich im Rhein,
Still kniet das Mägdelein
Am Ufer, wunderhold!

Ihr Haar, so licht wie Gold,
Ihr Aug' so himmelsrein,
Was kniest Du so allein,
Komm Maid, das Wetter grollt! —

Still winkt die Jungfrau mir:
»Ein Opfer ruhet hier,
Auf einem Grab sind wir;«

Lieblosigkeit ist Mord, —
Entfliehe diesem Ort,
Doch sprich ein segnend Wort!

## DIE SPITZEN-KLÖPPLERIN IM HARZ

Im weißen Gewande von Spitzenzeug,
Die Blüten in braunen Locken,
So sieht man das Bildnis, das schöne Weib,
Dort oben hoch thronen am Brocken.

Was ist Dir denn heut, und was weinest Du Kind?
Ich liebe nur lustige Leute,
Dein Auge ist naß, und Dein Lächeln ist trüb,
Du bist ja so schwermütig heute. —

Mein Auge ist naß und mein Lächeln ist trüb,
Ich bin, ach, so schwermütig heute,

Mich plaget ein Leid, ach, ein mächtiges Leid,
Ich hasse den Ballanzug heute.

Ich hasse die Spitzen aus Tränen gewebt,
Drin werden zu Wasser die Freuden,
Ein Wehe, ein Seufzen da drinnen lebt,
Ein Chaos von bittersten Leiden! —


## DAS MÄGDELEIN

Ich traf einmal im fremden Land,
Ein Mägdlein zierlich und gewandt;
»Wo kommst Du her, wo weilest Du?
Ich finde im fremden Land nicht Ruh'!«

»Bist Du ein deutsches Mägdelein?
Geboren an dem deutschen Rhein?« —
»Mein Vater war ein Kriegersmann,
Die Mutter keine Seide spann!« —

»Wie kamst Du in das fremde Land?«
»An eines Fremden falscher Hand.«
»Die Treue wohnt in Deutschland nur;
Von ihr ist hier, ach, keine Spur! —«


## GEBET

O, laß mir die Welt der Erscheinungen stehn,
sie ist so schön,
O, laß mich die Sonne immer seh'n,
Die Bäume und der Blätter Weh'n,
Die Blumen, die auf Erden steh'n,
Die Sterne in den lichten Höh'n,
O, laß mir das Licht, das herrliche Licht,
Ein anderes Glück begehr' ich nicht.

Du gabst's jedem Wurme, den Wesen all',
Auf jedem Erd- und Sonnenball,
O, schließe mich nicht, nicht mich g'rade aus
Aus Deines Lichtes glücklichem Haus,
O, laß mich die Sonne immer seh'n,
Die Berge und die grünen Seen,
Die Bäume und der Blätter Weh'n,
Die Blumen, die auf Erden steh'n.

Ach, Sternlein dort,
Am Himmelsort,
Du glänzest so alleine
Und scheinest nur so kleine.

Und sprich, was geht denn dorten vor,
Doch mach' mir keine Wippchen vor,
Ist es denn dort erquicklich?
Und lebt man dorten glücklich?

Ach, Mägdelein
Im grünen Hain,
Du glänzest so alleine
Und scheinest nur so kleine.

Was geht in Deinem Herzen vor,
Doch mach' mir keine Wippchen vor,
Ist es darin erquicklich,
Und lebt sich's drinnen glücklich?


EINE MITTERNACHT IN TYROL

Die großen Kaiser sind alle erwacht,
Steh'n aufrecht da in der Gruft.
Sie tragen die deutsche Reichskrönungstracht,
Es glühet und zischt in der Luft.

Der Reichsverweser schläft ein in Tyrol,
Die Uhr, sie schlägt Mitternacht,
Da wecket ihn dumpf, da wecket ihn hohl
Der Ahnherr'n gespenstische Pracht.

Wie bist Du so klein, wie bist Du so schwach,
Du kleinlicher Enkelsohn,
Du brachtest dem Reich, Du brachtest uns Schmach,
So hallt es im grollenden Ton.

Die Berge Tyrols, die Steine in Tyrol,
Sie hallen es tausendfach nach,
Das tönet so dumpf, das tönet so hohl,
Als ob Fels an Felsen sich brach!

Und Rudolf von Habsburg mit Hoheit begann:
»Du Reichsverweser Erzherzog Johann,
Bewahre, Du bist mir kein Rittersmann,
Ich schleudere Dich in Acht und Bann.«

Die Berge Tyrols, die Steine in Tyrol,
Sie hallen es tausendfach nach,
Das tönet so dumpf, das tönet so hohl,
Als ob Fels an Felsen sich brach.

Und Karl der Fünfte in seiner Art:
»Wer unehrlich, sei klug, Johann,
Und weil Ihr nicht klug und nicht ehrlich war't,
So tun wir Euch in Acht und Bann.«

Die Berge Tyrols, die Steine in Tyrol,
Sie hallen es tausendfach nach,
Das tönet so dumpf, das tönet so hohl,
Als ob Fels an Felsen sich brach.

Und Maximilian spricht, Schmerz im Gesicht,
»Fluchwürdig, wer die Treue bricht,
Wer weiß, ereilt Dich kein Gottesgericht.
In Bergen Tyrols verbirg Dich nicht!«

Die Berge Tyrols, die Steine in Tyrol, —
Sie hallen es tausendfach nach,
Das tönet so dumpf, das tönet so hohl,
Als ob Fels an Felsen sich brach!

Und Joseph der Gute wehmütig klagt:
»In Wien ein Stand- und Kriegsgericht?
Das Beste, das Schönste hast Du gewagt,
Die Mutter, — sie vergißt Dir's nicht!«

Die Berge Tyrols, die Steine in Tyrol,
Sie hallen es tausendfach nach,
Das tönet so dumpf, das tönet so hohl,
Als ob Fels an Felsen sich brach.

Und Maria Theresia, die schönste Frau,
Mit unmutiger Miene spricht sie,
Mit der Rechten zeigt sie Brigittenau:
»Auch dieses vergeß' ich Dir nie!«

»Die Söhne Arpads, sie schützten mein Haus,
Das Reich und des Habsburgers Thron,
Und« — ruft mit Beben die Kaiserin aus,
»Verderben war darum ihr Lohn!«

Im weißen Gewand, das Haar in die Höh',
Die Rechte zum Himmel hinan:
»Den Feinden Arpads sei ewiges Weh',
Vergeßlichen Enkeln mein Bann!«

Die Berge Tyrols, die Steine in Tyrol,
Sie hallen es tausendfach nach,
Das tönet so dumpf, das tönet so hohl,
Als ob Fels an Felsen sich brach.

Dem Reichsverweser wird bang um das Herz,
Die Ahnen, sie haben vollend't,
Die Worte lasten wie Panzer von Erz,
Der Bannstrahl das Hirn ihm verbrennt. —

Und scheu aus den Armen des schweren Alp,
Reißt entsetzt und matt er sich auf,
Da sieh da, noch Schatten ein blutiger, halb, —
Er steigt aus der Erde herauf!

Ein Jüngling, das lockige Haupt in der Hand,
Um die Stirn' den Streifen von Blut:
»An Deiner Statt« — ruft er, »mein wär' das Land,
Dir fehlte mein reichlicher Mut!«

Ein Nu, der blutige Schatten war hin,
Es lachte noch jugendlich auf:
»Nicht Jeder, nicht Jeder ist Konradin,
Nicht Jeder ein Hohenstauf.«

Die Berge Tyrols, die Steine in Tyrol,
Sie hallen es tausendfach nach,
Das tönet so dumpf, das tönet so hohl,
Als ob Fels an Felsen sich brach.

Den Erzherzog schwindelt, zur Erde er fällt,
Und siehe, es war nur ein Traum,
O Volksmann Johann, die Meinung der Welt,
Sie fand in dem Traume den Raum! —

Kalt ist's, eine trockene Kälte,
Aus modernen Burgen schallt
Tadel für das Holz, den Heizer
Durch die weiten Säle bald.

Aber in des Armen Hütte
Ist von Tadel keine Spur,
Eingefroren ist das Wasser
Und man weint und zittert nur.

Ich träumte tausend Lieder
Und alle schön und hold,
Sie hatten blaue Augen
Und Haare licht wie Gold.

Die Welt lag mitten drinnen,
Ein Purpurröslein rein,
Unangehaucht vom Menschen,
Bestrahlt vom Sonnenschein.

Jetzt träum' ich viele Lieder,
Doch all' mit dunklem Haar,
Mit großen dunklen Augen,
Und tränenvoll wohl gar.

Die schattigen Gestalten,
Sie schwanken hin und her,
Wie sturmbewegte Wellen,
Auf sturmbewegtem Meer.

Ihr großen dunklen Augen,
Mit tief und ernstem Blick,
Ihr gleicht an Ernst und
            Wunder
Dem tragischen Geschick.

Ihr schattigen Gedanken,
Die Wahrheit Euch verzehrt,
Ihr zeiget mir im Röslein
Den Wurm, der es zerstört.

❦

Wer einsam kam zu trüber Höhe,
Oft unverstanden angegafft,
Dem rauschet jedes Lüftchen Wehe
Und jedes Blättchen: halte Kraft.

Ja Kraft soll dem die Gottheit geben,
Wer selbstlos nur das Gute will,
Mit seinem Herzblut, seinem Leben,
Und sich verblutet einsam still.

Der Tag so kurz, der Tag so lang,
Die Stunde so froh, die Stunde so bang,
Das Leben so kurz, das Leben so lang,
Die Freude so kurz, ach, und niemals lang.

Seh' ich euch wieder, goldne Sterne,
Hab' euch lange nicht geseh'n,
Wußt' euch freilich in der Ferne
Unsichtbar am Himmel steh'n!

Es hat uns Gott gegeben
Das menschliche Gefühl,
Der Tugend nachzustreben,
Sei unser Lebensziel.

Barmherzigkeit zu üben,
Das sei das Losungswort,
Die Menschen all' zu lieben,
An jedem, jedem Ort.

# DIE NACHTIGALL UND DIE KATZE

Die Nachtigall sie schlaget
In Blitz und Donner fort,
So lang' ein Baum noch stehet,
Bleibt jubelnd sie am Ort.

Sie jauchzet auf am Morgen,
Sie liebt das Tageslicht,
Doch Katzen, ihre Feinde,
Vertragen solches nicht.

Die Katze webt im Dunkeln,
Ist Königin der Nacht,
Doch Nachtigall trotzt singend,
Nächtlich der finstern Macht.

Die Dichter alle dichten,
Trotz Nacht, Verrat und Spott,
Inmitten ihrer Feinde
Ruhig getrost auf Gott! —

Von jedem Platz der Erde,
Von dem er nicht verbannt,
Hat stets der wahre Dichter
Sein Veto ausgesandt.

Und Beide, Beide hören
Zu singen niemals auf:
Ihr Katzen und Philister,
Mein Ehrenwort darauf! —

## DAS BURSCHENLIED

Die Poesie ist ein Gebiet,
Wo alle Blüten treiben.
Jetzt soll ich gar ein Burschenlied
Für die Studenten schreiben.
Wohlan, es sei, ich fange an,
Und schreib', so gut ich schreiben kann.

Ich lob' mir die Studentenschaft,
Die brav, fidel und bieder,
Mit hellem Geist und Mut und Kraft
Hoch hält die deutschen Lieder.
Mit Liedern zieht er in die Welt,
Ein solcher Bursche ist ein Held.

Im schmucken, reichgestickten Kleid,
Mit Humpen und mit Degen
Ist gern geseh'n er weit und breit,
Auf allen deutschen Wegen.
Ein solcher Bursche ist ein Held,
Er zieht als Sieger durch die Welt.

Und zeigt man ihm ein böses Weib,
Die Braut ihm zu ersetzen,
Weicht tausend Schritte er vom Leib,
Er läßt sich nichts verhetzen.
Mit achtzehn Jahr' hat er gefreit,
Und damals war er grundgescheit.

Studenten, unsere Zukunft einst
Hängt ab von eurem Werden,
Ob's freund- und friedlich wird dereinst,
Ob's heimlich wird auf Erden.
Und Eins noch hänget von euch ab,
Ob man lebendig muß ins Grab! —

Ob Nacht, ob Finsternis, ob Licht,
In eurer Hand wird's liegen.
Vergeßt der großen Ahnen nicht,

Dann wird das Rechte siegen.
Die Burschenschaft, sie ist ein Held,
Und ihr gehört die ganze Welt.

## DER TIERBÄNDIGER

Des Tierbändigers Bude ist drückend voll,
Die Menge lauscht lautlos andächtig schier,
Da tritt zornig herein das Pantertier,
Und stattlich der Löwe und würdevoll,
Und mit grausigen Tönen dicht hinterdrein
Zwei schwarze Hyänen hinein in die Reih'n.

Des Bändigers Tochter von hoher Figur,
Von lieblich rundem und rosigem Gesicht
Von glänzend hellbraunem Augenlicht,
Das schwarze Köpfchen in Mannesfrisur,
Betritt grüßend den Kreis, im Miederchen nett,
Um schneeige Schultern und lächelt kokett.

Johanna, gewappnet mit bannendem Blick,
Sie schwingt sich hinauf auf den Leu,
Mit sanftem Mut und mit selt'ner Treu
Erträgt sie das königliche Genick,
Stolz kreuzt sie die Arme und lächelt dabei
Und die Menge lohnt ihr mit Bravogeschrei.

Die Jungfrau steigt ab und mit Heldenmut
Fährt in des Panthers Rachen ihr Arm,
Drin braust's gewaltig wie Bienenschwarm,
Und wilder tobt es in Heißhungers Glut,
Sie reicht ihm das Becken mit Blut gefüllt,
Und gierig, doch langsam den Durst er nun stillt.

Inzwischen sieht man die Königin der Wut
Gefräßig, schnaubend, spähen ringsum,
Das Mädchen bieget den Nacken krumm,
Und hinten hinauf steigt die wilde Brut;
Den Mörder am Halse, sie lächelt dabei,
Und die Menge lohnt ihr mit Bravogeschrei.

Die zweite Hyäne eilt nun hinan,
Die erste klettert rückwärts hinab,
Johanna beiden die Fütterung gab.
Ihr strahlender Blick, er hält sie im Bann.
Und dankend entflieht sie dem stürm'schen
      Applaus
Der Bändiger führet die Tiere hinaus.

Hierauf tritt herein das gehörnte Pferd,
Das seltsam geformte, seltene Gnu
Und leicht hüpft herein das Känguruh.
Ein »Ach« des Staunens im Kreise man hört,
Denn des Känguruh's seitwärts laufender Sprung
Erregt die allgemeinste Bewunderung.

Der Bändiger führt nun auch Affen hinein,
Die Tiere ledig der keuschen Scham,
Die Menge es demütigend überkam
Beim Schattenbilde vom menschlichen Sein —
Die törichten Knaben nur jubeln dazu,
Der Bändiger benennet die Tiere im Nu.

»Ich sparte,« ruft laut er, »trotz niederem Preis,
Was am meisten die Augen ergötzt,
Das Allerschönste Euch auf, auf zuletzt; —
Johanna, getrocknet schon ist Dein Schweiß,
Wir zeigen nun endlich die zwanzig Fuß lange
Und hundert Pfund schwere Riesenschlange.«

Und siehe, man treibt aus dem Seitenstall
Hinaus ein schneeweißes junges Lamm,
Ach, zaghaft das Auge in Tränen ihm schwamm,

Doch vorwärts dröhnt ihm der Peitsche Geknall.
Das Lämmchen, das heute zum Tode bestimmt,
Die Unschuld zu retten, kein Mensch unternimmt.

Nun trägt man hinein die riesige List,
Mit Kraft und Schönheit herrlich geschmückt,
Und drohend und schlau sie rings um sich blickt,
Und aus der Menge ertönet ein lautes Pst!
Johanna daneben, sie lächelt dabei
Und zeigt ihrer Zähne hell glänzende Reih'.

Die prächtige Riesin, sie wendet sich um,
Raubgierig spähend und unheilsvoll,
Man sah, wie am Kopfe das Blut ihr schwoll,
Und windet sich um das Mädchen herum.
Die männliche Jungfrau, sie lächelt dabei,
Und die Menge lohnt ihr mit Bravogeschrei.

Nun holt sie das Lamm, das niedliche Tier,
Hält's geschickt vor ihr hin in der Hand,
Die Schlange blickt glühend unverwandt
Und zischend hascht sie darnach mit Begier,
Da zittert das Mädchen, das Antlitz entstellt,
Das Haar sich ihr sträubt, und das Lamm ihr entfällt.

Schnell will sie's erhaschen, den Kopf sie senkt,
Doch im Zug sich das Untier befand,
Ein Nu, ein Schrei, das Köpfchen verschwand,
Und die schöne Gestalt am Rachen hängt.
Noch hebt sich die Brust, noch zuckt es darin,
Und dem starren Vater läuft's wild durch den Sinn.

Er zieht ein Terzerol, er feuert es los
Rasch in den giftigen Schlund hinein,
Die Tochter will er vom Fraße befrei'n.
Und richtig er traf, denn richtig er schoß.
Es wälzt sich in schwärzlichen Strömen von Blut,
In schäumenden Geifer die furchtbare Brut.

Nun öffnet der Bändiger den riesigen Mund,
Sein stierer Blick sprüht funkelnden Glanz,
Johanna ist tot, doch sie ist ganz,
Nur rund um den Hals, da ist es wie wund.
Die grausame Schlange nahm langsam sich Zeit,
Fast schien es, als tät's um die Jungfrau ihr leid.

Der Bändiger blickt scheu im Kreise herum,
Da dringt kein einziger Laut an sein Ohr,
Die Menge sich fühllos längst verlor,
Und im Bretterzelt ist's entsetzlich stumm.
Der Mond durch die Spalten bescheinet darin
Den Tierbändiger zu Füßen der Tierbändigerin.

Ich ritt auf einem Pferde
Den grünen Wald entlang,
Voll Blätter war die Erde,
Ich rasch hinuntersprang.

Vor mir auf grüner Aue,
Viel hundert Vögelein,
So hübsche, kleine graue,
Mit schwarzen Aeugelein.

Ihr singet goldne Lieder,
Nach Mozart'scher Manier,
Seid Ihr denn alle Brüder,
Daß Ihr versammelt hier?

Die Antwort lautet leise:
»Einfältig Menschenkind,
Wir sind auf weiter Reise,
Und alle gleichgesinnt.«

Sieh', es grünt an allen Hecken
Und auf allen Länderein,
Und es tummeln sich die Gecken
In des Frühlings Sonnenschein!

Nachtigallen singen, flöten,
Lerchen steigen jubelnd auf,
Doch die Frösche und die Kröten
Hemmen der Begeist'rung Lauf!

✿✿✿

Hast Du darum mich verstoßen,
Weil ich Deinen Eltern fern?
Schau, ein unbekannter, fremder,
Aber glänzend heller Stern,

Oder hast Du mich verstoßen,
Weil Entsagen Dir 'ne Lust?
Ewig wird Dich Lügen strafen
Deine lebenswarme Brust.

### Antwort

Es geschah aus and'rem Grunde,
Weil für mich ich niemals Zeit,
Sieh', das Leben währt 'ne Stunde
Warte bis zur Ewigkeit. —

## GRETCHEN

Mädchentränen,
Schmerzlich Sehnen,
Perlen aus des Himmels Tau,
Werden weiß und werden grau.

Einer Seele weiches Sehnen,
Eines Herzens schmerzlich Dehnen,
Hui, das ist so warm und kalt
Wie gespenstische Gestalt.

Eisig schmückt es alle Wände,
Starr und freudlos alle Hände,
Alles schweigend, alles stumm,
Nur der Böse geht herum!

Weiße Blüten, grüne Zweige,
Unschuld, Güte fesselt mich,
Sicher leiten eure Steige,
Abseits geht es fürchterlich! —

Rosenbüsche, dunkle Haine,
Duftig blühende Sinnlichkeit,
Nennest niemals mich die Deine,
Falsch ist Deine Süßigkeit.

Deine Stürme, Deine Wogen,
Deine ahnungsschwere Lust,
Sicher haben sie betrogen
Manche unschuldsvolle Brust. —

Aus dem Dunkel bricht das Licht,
Neu erstrahlet mir die Welt,
Und verstoßen bin ich nicht,
Gott, aus Deines Lichtes Zelt!

Welche Wonne, welches Glück,
Welcher Jubel kehrt zurück!
Einzig Glück wohnt nur im Licht,
Gott, ich lese ein Gedicht.

Ich meint' es rechtschaffen und ehrlich,
Doch zu mir selber nicht gut —
Mit jeglichem Wesen viel besser —
Und schrieb meine Verse mit Blut! —

Ein Meer von Balsam ist die Zeit,
Was hat sie alles nicht geheilt!
Die falschen und die wahren Schmerzen,
Die man zu schaffen sich beeilt.

Ja, ja, es kommt noch nach,
Das Schöne kommt noch nach,
Es rufen Freudentöne
Die Herzenslust Dir wach.

Ja, ja, es kommt das Gute,
Das Gute kommt noch nach.
Die Tugend mit dem Mute,
Sie ruft das Rechte wach.

Ja, ja, es kommt der Glaube,
Auch er, er kommt noch nach,
Er ruft dem Sohn vom Staube
Einst das Gewissen wach!

Sei Dir alles gleich, mein Kind,
S' ist ja alles gleich;
Jedes Ding vergeht geschwind
In dem flüchtigen Reich.

Freud' und Leiden, Schmerz und Glück,
Eis und Schnee und Sonnenblick,
Alles trifft ja ein Geschick,
Kommt auf eins zurück. —

Inn'res Glück nur wechselt nie,
Das Bewußtsein bleibt,
Ewig gleich der Poesie
Seine Blüten treibt.

Bittrer als der Tod ist Leben,
Wenn ein stolzes Herz verletzt —
Sieh', die Furien sich erheben,
Deren Stahl die Hölle wetzt.

O, der kennt die Seelen wenig,
Der die besten stille schmäht,
Sah man jemals einen König,
Der um Schwarzbrot betteln geht?

In dem lichten Sonnenglanze,
Wandelnd durch das Leben hin,
Schaffend, wirkend für das Ganze,
Treu mit heißem, festem Sinn.

Wer für jedes Glied des Ganzen,
Gerne gäb' sein Herzensblut,
Liebend, selbst das Tier, die Pflanzen,
Dessen Herz ist rein und gut.

Bittrer als der Tod ist Leben,
Wenn ein solches Herz verletzt,
Sieh', die Furien sich erheben,
Deren Stahl die Hölle wetzt.

O, der kennt die Seelen wenig,
Der die besten wagt zu schmäh'n,
Sah man jemals einen König,
Einen König betteln geh'n!

Mir träumte, daß ich stund
An eines Teiches Grund,
Und sieh', mein Mutterlieb,
Es schaute drinn so trüb'!

»Was machst so trüb' Gesicht« —
Fragt ich, »ich fass' es nicht«.
»Bist gut«, — sprach sie, — »mein Kind,
Weißt nicht, wie bös' sie sind;

Du faßt das Böse nicht,
D'rum mach' ich trüb' Gesicht.«
So sprach mein Mutterlieb,
Und ich erwachte trüb'.


## DER SIEG DES GEISTES

Hast Du den Schmerz schon einst empfunden,
Den Seelenschmerz, der tief im Innern nagt,
Und hast in diesen trüben Stunden
Du nie und nimmermehr trostlos verzagt?

Auch bei des Körpers großen Leiden,
Wenn Grauen schon Dein Aug' bedeckt,
Du fühlst das Leben von Dir scheiden
Und bist auch dann nicht aufgeschreckt?

Wohl Dir, Du bist nicht überwunden,
Es endet alles Erdenleid,
Glück auf! Es nahen bessere Stunden,
Und Du erhältst für alles einst Bescheid.

Bescheid vom ewigen Richter droben,
Wofür Du Edler denn gelitten hast. —
Es höret auf des Herzens Toben,
Und weg ist sie, die schwere Sorgenlast.

Der Geist ist Sieger, er sieht heiter,
Mit froh und unumwölkten Blick
Auf die Vergangenheit zurück,
Und schreitet ewig immer weiter!

## ELISABETH

Aus jenem Troß von Königinnen
Ragt hoch empor Dein tugendhaftes Sein,
Den Glanz der Throne kann das Haupt entbehren,
Doch nie der Tugend Heiligenschein.

Dem König brach das Herz, in Dir gefunden
Hat er, o, eine Welt voll Herrlichkeit,
Hat ihn des Undanks Pfeil auch tiefgetroffen,
In Dir versöhnte ihn die höhere Menschlichkeit.

## GEDICHTE OHNE »R«

Wie viel Licht im Sonnenball,
Wie viel Staub im Weltenall,
Wie viel Staub und wie viel Sand
Gibt's nicht schon im Heimatland!
Wie viel hohes, schönes Licht
Hat's im deutschen Lande nicht!
Wie viel Angst in Blitzes Schein,
Wie viel Lust im Glase Wein!
Doch ganz komisch ging man um,
Alles schaffend, meistens stumm; —

Bloß den Menschen ausgenommen,
Lebt sonst alles still beklommen,
Dem Menschen allein die Kunst man gab
Zu zählen all' sein Gut und Hab',
Zu sagen, wie's und was ihm tut,
Und wie ihm jetzt und je zu Mut:
Wenn ihn die Habsucht voll gefüllt,
Und wenn die heiße Sucht gestillt!
Wie wonneatmend das Gefühl,
Wenn nah' man einem hohen Ziel.

Kühn manche dies in's Auge nehmen,
Ohne des Mißlingens sich zu schämen,
Weil edle Pflanzen oft eingehen,
Wenn sie auf sand'gem Boden stehen! —
Ja, all' dies ist jenen nicht gegönnt,

Die man nach uns Geschöpfe Gottes nennt:
Das edle Wild kann es nicht sagen,
Wie Jagd und Hunde ihm behagen,
Und wenn man den Hals des Fisches sticht,
Denkt man, die Fische empfinden's nicht!

Ei, sehet doch, wie doppelt unbillig,
Die Fische zucken ja, doch böswillig,
Will man sie dennoch gefühllos nennen,
Weil sie nicht seufzen und klagen können;
Und so geht's bis zum Elephanten hin,
Still behält es den unabhängigen Sinn,
Das gute, weise, edle Vieh,
Denn Sklavendienst beugt seine Weisheit nie,
Stolz denkt es an das heimatlich Gebiet,
Sanft duldend, was im Ausland ihm geschieht.

Aus all' diesem ziehe ich den Schluß,
Daß die Sagekunst man haben muß,
Nicht um zu klagen stets Leid und Weh',
Da ich Elephanten standhaft seh':
(Und ach, wie langweilig ist man,

Wenn man niemals von sich schweigen kann);
Deshalb denk' ich lediglich alsdann,
Wenn man etwas sagt, was nützen kann,
Was man weise nennt, und edles denkt,
Wenn man dies dem Geist des Nächsten schenkt.

Böses so zum Besten wendet:
Wenn dann die Lippe niemals endet,
Sie hat sich damit nicht geschändet,
Dazu hat sie ein Gott gespendet;
Daß das Aug', das Wahn geblendet,
Sich dem hellen Tag zuwendet;
Seelen schwachen, schon im Sinken,
Heil und Hoffnung zuzuwinken!
Und die Besten und Gescheiten,
Mit den edlen Geistesgaben,
Die zu tun im Sinne haben,
An die Taten zu gewöhnen,
An die guten, menschlich schönen;
Ja, und mächtig hohen Seelen,
Die gottlob auch niemals fehlen,
Zu dem Höchsten zu geleiten! —

## SONNENUNTERGANG UND AUFGANG

Ein Sonnenuntergang, der Untergang
Desjenigen Volks, das einst so hoch gestrahlt,
Siehst Du die Streifen, purpurrot und lang,
Den jeder Untergang am Himmel malt —

El fresco, blutig halb, halb rosenrot,
Als zögen Schmerz und Unschuld Hand in Hand —
Ein stürmisch Leben, ein erhabner Tod —
Ein siegreich Dulden, das nichts überwand.

Welch' großes Bild! im Hintergrunde Tag,
Im Vordergrunde tiefe Nacht man sieht,
Ein Volk, das tief im Staube kniet —
Hoch über seinem Haupt die Prüfung lag —

Und Tränen, Dornen, Ketten, aller Art —
Und harte, gift'ge Zungen lauern dort —
Und Herzen, ihnen gegenüber, hart
Wie Stein, und wie der stille Mord.

Und Angst und jähe Flucht und bleiche Not
Mit tausend Schrecken, Qualen, wechseln ab,
— Ein Schatten-Leben und ein rascher Tod, —
In düsterm Flammen-, frischem Wellengrab.

Das Volk sieht lange sich die Prüfung an:
Das Unglück, wie es leibt und lebt und stirbt,
Und wie es, demütig auf steilem Pfad hinan,
Um einen kalten Blick des Mitleids wirbt!

Im Vordergrunde Nacht — im Herzen Licht,
Im Herzen jenes Morgenrot
Des Glaubens und der Zuversicht —
Erhaben über Finsternis und Tod —

Sie überdauernd, überdauernd Raum und Zeit,
Sie umgestaltend in den ewigen Tag —
Sie umgestaltend in Unsterblichkeit:
Das gläub'ge Volk hofft es bei jedem Schlag;

Das Volk sieht in den Abgrund tief hinab,
Und ruft: ich werde leben! Gott mit mir!
Geb't mir zur Reise um die Welt den Stab,
— Den Glauben — ihn allein nehm' ich mit mir.

Und überall verkünd' ich Gottes Wort,
Ein Weltalls-Prediger, bewährt durch Tat,
Als Glaubensbild weil' ich an jedem Ort,
Ein Gotteslehrer und — der Völker Rat. —

Hier steht das Mißgeschick, doch dicht der Glaube,
Dort steht das irdsche Glück, mit ihm das Nichts —
Hier bist Du jedem irdschen Schmerz zum Raube,
Allein Du bleibst ein Sohn des ew'gen Lichts! —

So rief ein Engel unter Lorbeerzweigen,
Und zeigte nochmals Tag und Nacht zugleich,
Und todesmutig sie die Häupter neigen,
Und rufen laut: *wir wählen ew'ges Reich.*

## AUF MEINEN AM 15. NOVEMBER 1890
## DAHINGEGANGENEN PAPAGEI

Allgeliebter Vogel Du,
Gingest auch zur ewigen Ruh
Liebenswürdig zahm und zart
Und von selten geistiger Art!

Warst mir zweiundzwanzig Jahr,
Was kein Anderer mir war,
Steter Freund, ach lebenslang,
Nehme meinen heißen Dank.

Mancher hat Dich arg betrübt,
Weil Du allgemein beliebt,
Gönnte diesen Trost mir nicht,
— Das ist Wahrheit im Gedicht —

Nochmals Dank für Deine Treu!
Lebe dorten auf, auf's neu —
Jeder Geist er lebet fort,
Glücklich sei an jedem Ort!

# AN DENSELBEN

Den ersten Gruß am Morgen
Empfing ich stets von Dir,
Und Herz und Geist und Seele
Lag in dem Ton zu mir.

Du wirst mir immer fehlen,
Stets bange bleibt's nach Dir,
Du süßer Jakob, Kobusch
Bleibst unvergessen hier.

Seit zweiundzwanzig Jahren,
Seit meiner Mutter Tod,
Warst Du mein treu Gefährte
In Freude, Schmerz und Not!

Du bist nicht fortgewichen
Von ihrem Totenbett
Und warst Dein ganzes Leben
Stets geistvoll, klug und nett.

Du wirst mir immer fehlen,
Stets bange bleibt's nach Dir,
Du süßer Jakob, Kobusch
Bleibst unvergessen hier.

Und mehr warst Du beweinet,
Als mancher Mensch vor Dir,
O, Koberle, o Jakob,
Bleibst unvergeßlich mir.

❦

Eine Blume ist gebrochen,
Hier für immerdar, —
Und die edle Fürstin zählte
Vierundzwanzig Jahr.

Wer des Lebens Glück gekostet
Und dann rasch entflieht,
Kennt nicht seine Dissonanzen,
Hörte nur sein Lied.

Und mich dünkt, in solcher Jugend
Enden leichter sei,
Wie die Töne leicht sich lösen
Einer Melodei.


## NACH DEM GESETZ
## ÜBER DIE PENSIONIERUNG
## DER ARBEITER

Das Echo schall' es weit,
Es tagt Gerechtigkeit,
Es lauschet Menschlichkeit:
Kommt eine bessere Zeit?

Ob Not und Elend flieht
Aus mächtigstem Gebiet.
Es war ein Hohenzollernwort. —
Und Kaiser Friedrich freut sich dort.

Welch' Schreckenstille herrschet hier,
Bin ich allein, ich bin allein!
Entsetzen, ach, ein Grauen schier
Erfaßt mich, so allein zu sein. —

Es nahm mir viel, — fast rätselhaft
Ist des Geschickes Grausamkeit.
Beeil dich, Mut, beeil dich, Kraft,
Zu kürzen mir die öde Zeit.

Der Menschheit Traum — die Kunst — verhindert hin —
Nichts als des Daseins anspruchsvoller Sinn!
Doch halt, doch nein; das Größte ist bei Dir:
Gott ist, ist überall, und ist auch hier.

❧

Prall nicht an, prall nicht an,
Steine gibt es überall,
Und man kann, und man kann
Haben einen bösen Fall;

Stoß nicht an, stoß nicht an,
Böse Menschen gibt es viel,
Und man kann, und man kann
Kommen in ein böses Spiel;

Halt zurück, halt zurück
Deine Meinung, deinen Blick
Und die Klugheit, und das Glück
Leiten weise dein Geschick.

## WANDERLIED

Türe auf, Türe zu,
Niemals Rast, niemals Ruh',
Schöne Damen, liebe Herr'n
Kaufet freundlich, kaufet gern,
Brauch's auf Brot, und brauch's auf Bier,
Und das gönnt ihr sicher mir.

Türe auf, Türe zu,
Niemals Rast, niemals Ruh',
In der Kälte, in der Glut,
Keiner meiner Füße ruht,
Such' am Herde einen Platz,
Finde keinen, keinen Schatz.

Schöne Damen, liebe Herr'n
Kaufet freundlich, kaufet gern,
Komm aus fernem Lande her
Und dem Fremdling wird's so schwer:
Türe auf, Türe zu,
Niemals Rast, niemals Ruh'!

## DER GOLDFISCHER

Am Rande des Meeres,
Am Rande der Flut,
Da weilet der Knabe,
Gar freundlich und gut;

Er stahl seinem Vater
Die Goldfischlein sein
Und wirfet sie wieder
Ins Meer hinein.

Der Vater, er jaget
Dem Ufer entlang,
Da wird ach dem Knaben,
So ängstlich und bang;

Er fürchtet den Vater,
Es sinkt ihm der Mut,
Fast möchte er lieber
Hinab in die Flut.

Da färbt sich das Wasser,
Wird schwarz und wird grün
Und weiße Gespenster
Darüber hinziehn;

Die Tiefe, sie donnert,
Der Abgrund geht auf,
Die Fluten beginnen
Den rasenden Lauf.

Sie stoßen den Knaben
Den Goldfischlein nach:
Das rufet des Vaters
Gewissen erst wach.


## AN DEN LORBEER

Ich liebe Dich — ich will's gestehen
Mehr als das erste Frühlingswehen,
Dein süßer Duft, der ewig währt —
Ist in der ganzen Welt geehrt —
Doch nicht des Siegeslorbeers Blatt —
Wer es empfängt, getötet hat —
Der schmale, schön gezackte ist's:
Du dunkelgrüner Lorbeer bist's.


Du lässest den Menschen steigen
Hinauf bis zum höchsten Berg,
Dann lässest Du ihn sinken
Hinab bis zu einem Zwerg. —


Menschenliebe, Zauberwort,
Das die Welt vereinet,
Menschenhaß ist Seelenmord,
Guter Engel weinet —

Leidenschaften wilde Glut
Unbewußt verheeret, —
Unbewußt sie Böses tut,
Bis sie sich zerstöret.

Sie ist nicht von Gott gesandt,
Der die Güte einst erfand,
Flammen in den Abgrund bannt.

Sein und gut ist, was da ist —
Unser ist nur eine Frist,
Ob man gut, ob böse ist. —

Ströme, milde Frühlingsluft
In das Haus hinein,
Ströme, milder Frühlingsstrahl
Auch ins Herz hinein. —

In die Herzen hart wie Stein,
Kalt wie Kupfergeld,
Schmelze drei Lawinen drein,
Hochmut, Selbstsucht, Geld!

Vier Kastanienbäume
Stehn' vor meiner Tür,
Viele goldene Träume
Dichtete ich hier.

Büchlein von der Menschheit*,
Ihrer »Trefflichkeit«
Ach, vergebt dem Dichter
Solche Albernheit.

Das Träumen, Schlafen, Erwachen,
Das ist ja des Lebens Lauf,
Das Träumen ist ja das Schönste,
Nehmt Häßliches mit in den Kauf!

* Sieh mein „Büchlein von der Menschheit",
Berlin 1885, Paul Grüger.

Alles geht vorüber —
— So ist alles gut —
Freilich wär's mir lieber,
Wär's von Anfang gut!

Der Krater der Berge Feuer sprüht,
Das Vöglein verstummt, das Blümlein verblüht,
Dies Bild gleicht der Habsucht gefährlichem Spiel,
Verheeren, verwüsten, vernichten ihr Ziel. —

Ein armer Mann, ein Armer,
Weißt Du, wie das klingt?
Als wenn aus der Tiefe
Man nach Hilfe ringt. —

### ENERGIE

Weine nicht, klage nicht,
Weinen, klagen hilft ja nicht.
Legt die geist'gen Kräfte an,
Wag' die ganze Seele dran.
Weichen wird, was zwischen liegt:
Nur der Tapfere, er siegt!

Und wo seid ihr, meine Träume,
Und wo bist Du, höchstes Glück!
Das ich stets und tief empfunden;
Ach, ihr seid nur weiße Schäume!

Schäume, die ins Meer gesunken,
In das Meer der Wirklichkeit,
Jenes trübe, graue Wasser. —
Und das Glück ist drin ertrunken!

Man hört ein lautes Klopfen,
Mein Gott, wer das wohl war?
Kein Mensch ist es gewesen:
Mein eignes Herz es war!
Das ist wahrhaftig wahr.

Sieh ein großer, schöner Stern
Aus den Wolken bricht,
Doch er steht mir gar zu fern,
Kenn' ihn näher nicht —
Kenne nur den äußern Schein, —
Golden strahlend Licht,
Doch sein inneres, wahres Sein
Ist verschleiert dicht. —

Leget alles zum Besten aus,
Jeder erträgt sein Schmerzenhaus,
Jeder hat ja im Leben geweint,
Wenn er auch noch so glücklich erscheint.

Dichterleben, Himmelsgabe,
Selbst im Unglück glücklicher —
Als die breiten, kot'gen Pfade
Der Gemeinheit sicherlich.

## FANATISMUS

Du hast Dich eingeschlichen
In unsere neueste Zeit,
Doch ist's ein letztes Flackern,
Du machst umsonst Dich breit —

Du bist ja nur ein Schatten,
Gespenst aus morscher Zeit,
Besiegt; — geweiht der Sage
Und der Vergänglichkeit. —

## DER PESSIMIST

Ueberall ist Rauch und Dunst,
Scheinbar Wissenschaft und Kunst,
Scheinbar auch Humanität:
Und um alles schlecht es steht! —

Beten wollt ihr! Seid ihr's wert?
Daß man euch im Himmel hört?

Ob man's wert ist oder nicht,
Allerleuchtend ist das Licht!

Allbegnadend Gottes Art,
Beter, um's Gebet euch schart. —

Verborgen bleibt, was Du verbergen wolltest —
Als Millionen Sonnen Du vor uns aufrolltest —
Da wolltest Du uns Macht und Schönheit zeigen,
Vor solcher Größe muß der Mensch sich neigen.

Jeder Glaube ist der rechte,
Wenn die Liebe, sie, die echte,
Jenen, die am Himmel thront,
In dem Herz' des Menschen wohnt.

Jene Liebe allumfassend
Mensch und Tier, und niemand hassend,
Mutig, gottergeben, rein:
Scheint mir wahrhaft fromm zu sein.

## HEINE

Als er für's »Junge Deutschland« stritt
Und man ihn nicht in Deutschland litt,
Da mußt' er nach Frankreich geh'n —
Er konnte nicht in Lüften steh'n —
Doch in der Fremde schrieb er nieder
Das goldne, deutsche Buch der Lieder.

Doch, was man lebend ihm versag't,
Die Heimat, Gott sei es geklagt —
In fremder Erde ruht sein Herz:
Das sühne man im Bild von Erz,
Zum Lorleifelsen soll es reichen
Und seiner Lorleischönheit gleichen.

Er braucht des Denkmals freilich nicht,
Das schönste Mal ist sein Gedicht,
Es liest und liebt's die ganze Welt,
Der Landmann singt's auf freiem Feld,
Wir brauchen es zum Eigentume,
Zu Deutschlands unbestritt'nem Ruhme!

## RICHARD

Hast Schulden über'n Kopf gemacht,
Hast Deinen König ausgesogen,
Die Zwietracht hast Du angefacht,
Und B.... um die Frau betrogen. —

Doch eine wahre Wunderwelt,
Sie lebt in jedem Deiner Stücke,
Die Schönheit, sie ist dargestellt,
Doch manchmal Sinnlichkeit und Tücke.

## DIE SPHINX

Die alten Egypter verehrten die Sphinx,
Die Sphinx — das Rätsel des Lebens —
Das Rätsel des Menschen — das Rätsel der Welt —
Die Lösung sucht man vergebens.

Der Grieche, graziöser die Psyche er schuf,
Die Psyche — das Sinnbild der Seele —
In Marmor grub er die Schönheit hinein,
Daß Jeder sie sehe und wähle. —

Doch unsre Zeit dem äußern Schein —
Dem Schatten der Wahrheit ergeben —
Verkündet und lehrt das moralische Nichts,
Kein Sinnbild wird sie erheben! —

# NATUR — RASTLOS, ABER UNBEWUSST

Im Sturme wie in der Mimose,
Im Meer wie in der Rose,
Doch immer bewußtlos, selbstschändig nicht,
Natur, Du bist ja doch nur ein Gedicht!

Ein Weib, die Armut wie sie leibt und lebt,
Halb nackt und hilflos über Bord sich hebt, —
Ein traurig widerwärtig Bild,
Das fast als Vorwurf für uns gilt. —

## TOUSSAINT'S TRAUM

Ein Urwald war's — Millionen Bäume,
Ach unabsehbar hoch und unerfaßbar tief,
Und unter einem dieser Bäume
Da lag ein Mensch, ein Neger, und er schlief.

Er träumt von San Domingo's Krone
Und dann von eines Kerkers Nacht
Und dann von einer kältern Zone —
Und dann— und dann der Neger, er erwacht —

Er will, er wird noch weiter träumen,
Er sieht ein Schiff die Wellen rings umschäumen,
Am Strand ein dürres, mageres Land —
Und dann — den Tod in Feindes Land!

# FRIEDEN

Immer kämpfen, immer streiten,
Und das lohnt doch wahrlich nicht —
Und das Recht hat viele Seiten,
Und der Friede, er ist Pflicht.

Die Englein im Himmel,
Sie singen ein Lied,
Nur Rafaels Köpfchen
Ruft zornig erglüht:

Wie könnte ich singen
Ein fröhliches Lied,
Wenn Haß statt der Liebe
Die Erde umzieht?

Und auf, daß ihr's wißt,
Der Satan es ist,
Im Munde den Zwist —

Er macht einen Ritt
Als Antisemit
Die Lüge geht mit!

# DAS TIER

Hat Er es nicht gleich uns geschaffen?
Mit gleichen Sinnen auch versehen?
Es liebt, und haßt, fühlt Weh und Freude:
Das müßt ihr ja doch zugestehen,
Daß es nicht auch französisch spricht,
Das ändert doch die Sache nicht! —

Laß' das Gute mich erringen,
Und das Böse nie,
Große Taten mich vollbringen
Herr, und segne sie!

Laß' das Haupt mich hoch erheben
Ueber Spanne Zeit
Mutig schaffen, wirken, streben
Für die fernste Zeit. —

***

Dämon aus Höllenräumen
Aus Fegefeuer und bösen Träumen,
Zertretend jede Freude, jedes Glück
Tritt endlich in die Unterwelt zurück!

***

Es stürmet, es wütet, es tobet, es rast,
Als sollte die Welt sich neuer gestalten,
Es legt sich der Sturm, das Toben hört auf
Und alles, es bleibet beim Alten.

Im geistigen Leben ist's ebenso,
Bedeutende Menschen, sie ringen,
Sie kämpfen, sie opfern, erkämpfen nichts,
Die Torheit, sie bleibt in den Dingen!

## MEINER UNTRÖSTLICHEN SCHWESTER
## DER VERWITWETEN FRAU KOMMERZIENRAT
## HELENE SELTEN
## ZUM 10. JULI 1893

Was unter tausend keiner tat,
Du hast's getan;
Im Anfang war die Tat,
Hub Meister Goethe an.

Sei dessen Dir bewußt,
Bewußtsein, inneres Glück,
Ertrage, was Du mußt,
Kein Schatten kehrt zurück! —

Sein Geist, gewiß er lebt,
Und wie er lebend tat,
Er liebend Dich umschwebt.

Befolge seinen Rat
In dem, was Dich erhebt,
Im Anfang war die Tat! —

## ZUVERSICHT

Hast noch eine Freude mir beschieden,
Wirst noch eine größ're mir bescheiden,
Jene Abschaffung vom schwersten Leiden,
Jene Roheit, ach hienieden:
Jenes lebende Begrabenwerden,
Allerschrecklichstes auf Erden. —

Kalt ist die Welt,
Hart ist das Geld,
Doch härter und kälter und dümmer
Und tausendmal wohl schlimmer
Als alle Gifte auf deutschen Auen,
Ist Grausamkeit und Heuchelei zu schauen.

Die Welt ist ein Rätsel,
Man ratet es nicht.
Und will man's erraten,
Das Herz einem bricht.

Ich legte manch' Grundstein zur Humanität,
Doch wer sie nicht liebet, sie nicht versteht,
Er gleichet dem Maulwurf, er scheuet das Licht,
Wenn manchmal hinein in die Höhle es bricht.

Doch Vögel und Blumen und Menschen vereint,
Sie trauern, wenn ihnen die Sonne nicht scheint.
Die Sonne des Lebens ist Humanität,
Und wer es verleugnet, es nicht versteht! —

## ZUR ERINNERUNG
## AN HERRN JOSEPH WOLFSOHN

Joseph Wolfsohn ist geschieden,
Mann von Ehre, höh'rem Sinn.
Unverstanden bliebst hienieden, —
Joseph Wolfsohn, er ist hin! —

Joseph Wolfsohn bist geschieden,
Fandest keinen Freund hienieden,
Keiner Freude traute Spur,
Lebtest traurig einsam nur.

Festen Muts in jedem Stücke
Fehlte Dir zum eigenen Glücke,
Des Ergreifens rohe Kraft,
Welche eignes Wohl nur schafft. —

Bist auch Freimaurer gewesen,
Pyramiden hast gelesen, —
Fandest nirgends Glück und Ruh,
Doch ein Menschenfreund warst Du. —

Schon im Glanze Deiner Jugend,
Das war das Talent der Tugend,
Dachtest Du an Gutes tun,
Und es ließ Dich nimmer ruh'n.

Und Dein Name lebt für immer
Edel, einfach ohne Schimmer
Hast Du Segen ausgestreut
Und Dein Beispiel ihn erneut.

Freue Dich in jenen Sphären,
Wirkest fort im Licht und Glanz,
Dort empfängt man Dich mit Ehren
Und mit einem Lorbeerkranz.

## ANARCHISTEN*

Anarchisten, seid Ihr Geister
Aus der Hölle tiefsten Gründen?
Ist der Böse Euer Meister,
Wollt die Menschheit Ihr anzünden?

Bringt Ihr eine Feuerflut?
Ach, Ihr wißt nicht, was Ihr tut!
Kehret in Euch — Recht und Ehre
Sind des Weltalls große Lehre,

Wie der Wahn Euch auch betöre,
Kehrt zurück zu Recht und Ehre!
Scheußlich ist der Meuchelmord,
Furien weilen an dem Ort!

Scheußlicher ist: Feuer zünden,
Ist die ärgste aller Sünden —
Höllenstrafen zu verkünden,
Konnte man nichts Schlimmres finden!

Gift und Mord und Feuerbrand
Sind verdammt von Land zu Land!
Was die Leidenschaft auch meinet,
Was dem Wahnwitz richtig scheinet.

* Geschrieben nach der Ermordung Carnots.

Kehrt zurück zu Recht und Ehre,
Merkt Euch der Geschichte Lehre:
Niemals nützlich war der Mord:
Und es gibt ein ew'ges Dort!

War's Dein sehnendes Verlangen,
Deiner Liebe ängstlich Bangen,
Treue Seele, ach,
Was das Herz Dir brach?

Oder ist's ein Gift gewesen,
O so richte Gott die Bösen,
Kann unschuldiges Tier dafür,
Für den dummen Haß zu mir?

Schlangengift, es störte Eden —
Störet auch das kleinste Glück —
Warnen möcht' ich endlich jeden,
Lasset nie ein Tier zurück —
Denn Strichnin braucht nicht zu reden,
Tötet wie ein Schlangenblick! —


## WALDVÖGLEIN

Waldvöglein zwitschert im Walde allein:
Werden wir niemals gleichgestellt sein
Jenen, die wir durch Lieder erfreu'n,
Und von all ihren Sorgen zerstreu'n?

Horch, aus Gebüsch und Blütenflor
Tönet hervor ein lustiger Chor:
Meinest Du etwa das Menschengeschlecht,
Ewig unmenschlich und ungerecht? —

Ach, nicht unsre Lieder bei Tag und Nacht,
Ach, nicht unsre Schönheit und Farbenpracht,

Keinerlei bricht seinen Uebermut,
Lechzend immer nach Fleisch und nach Blut!

Waldvöglein zittert, leise es weint,
Abendsonne es golden bescheint,
Plötzlich ruft es: Menschengeschlecht,
Jedes Geschöpf hat des Lebens Recht! —

## NAPOLÉON III.

Fremdling, kommst um mich zu höhnen? —
Nein! — ich weih' Dir ein'ge Tränen,
Deiner Größe, schwer verkannt,
Schwer verkannt im eig'nen Land!

Hattest Rußlands Macht gebrochen, —
Hattest Frieden dir versprochen, —
Nicht mehr Ruhm, befleckt mit Blut,
Trachtetest nach höhrem Gut. —

Napoleonische Ideen
Sollten endlich jetzt geschehen*,
Schafftest Raum und Luft und Licht —
Aber Frankreich dankte nicht. —

Bautest für die Arbeit Säle
Und — daß ich es hier erzähle,
Würdigtest mit hellem Blick**
Unsrer Sitten Mißgeschick: —

* Les indées Napoléoniennes par le prince
Napoléon — Louis Bonaparte. 1860.
** Durch ein höchst würdigendes Kabinett-
schreiben an die Verfasserin.

Anerkanntest die Gefahren
Allerschrecklichsten, furchtbaren,
Grausam Los, das jedem droht —
Jenen, ach, lebend'gen Tod! —

Frankreich glücklich, wollte träumen
Von des Rheines Blütenbäumen,
Wollte Kampf und Krieg — nicht Ruh',
Und das Opfer, das warst Du! —

Napoleonische Ideen
Werden aber doch geschehen,
Und den Dank, der Dir geziemt,
Ganz die Weltgeschichte rühmt. —

❦

Ewig lebt die Wahrheit,
Ewig lebt das Recht,
Menschlichkeit ist Klarheit,
Hassen, das ist schlecht!

Antisemitismus,
Aufgewühltes Meer,
Neueste Influenza,
Dauerst mich gar sehr;

Antisemitismus
Antibrüderlich,
Senk' die morsche Fahne,
Sie wird lächerlich.

Antisemitismus,
Wißt ihr, wie das klingt?
Als wenn unter Psalmen
Einen Fluch man singt;

Psalmen sind semitisch,
Zehn Gebote auch,

Schöne Sonntagsfeier
Ursemitischer Brauch;

Doch die Heuchler täuschen
Absichtlich die Welt,
Meinen nicht Semiten,
Meinen nur ihr Geld.

Wenn sie vieles hätten,
Gäben sie's dem Zar,
Kauften sich Gatschina
Schön und wunderbar;

Säulen groß und mächtig,
Lapis Lazuli,
Dunkelblau und prächtig,
Sie erkaufen's nie;

Ihren Reichtum aber,
Schlauheit ihn erdacht,
Haß und Zwietracht haben
Wahrheit nie gebracht;

Wen'ge ausgenommen,
Darben sie gar sehr,
Tausende verkümmern,
Eilen übers Meer.

Nahrung dort zu suchen,
Wo noch nichts gesäet,
Kehren gern zurücke,
Wo die Heimat stehet;

Heimat leere Städte,
Wo der Vater stand,
Eh' er Blut und Leben
Gab fürs Vaterland;

Ewig lebt die Wahrheit,
Ewig lebt das Recht,
Menschlichkeit ist Klarheit,
Hassen, das ist schlecht!

Anti-ti-semiten,
Höret meinen Rat,
Heilet eure Leber,
Gehet nach Karlsbad!

Bad- und Reisekosten
Zahlet sicher Der,
Der Euch sonst bezahlet,
Doch — ich weiß nicht Wer! —

## AM 23. JULI 1894

Sie, die ich so heiß geliebt,
Sie, die niemals mich betrübt,
Sie, die meiner Augen Licht,
Ach, ich sehe sie doch nicht!

Sah't ihr jemals ein Gesicht,
Das die Himmelssprache spricht,
Sah't ihr jemals einen Blick,
Liebe strahlend, Güte, Glück:

Ach, dann habt ihr sie gesehen,
Meine Mutter in den Höhen,
Wo die Engel aufwärts gehen,

Denn die Engel reichen nicht
Bis hinauf zu ihrem Licht,
Das ist Wahrheit, nicht Gedicht!

# Neue Gedichte
## Lyrische Gedanken

### DAS MEER

Grüß' mir das Meer,
Silberne Wellen
Rauschen und schwellen,
Schön ist das Meer!

Grüß' mir das Meer,
Golden es schäumt',
Ob es auch träumet?
Tief ist das Meer.

Grüß' mir das Meer,
Glücklich es scheinet
Ströme es weinet,
Groß ist das Meer.

Wie so manches Samenkörnchen
Weder sprießet, noch gedeiht —
Ach, vom Wind in Staub getreten,
Tut das arme Korn mir leid. —

Vom Felsen sah' ich hinab in das Meer,
Es schäumet, tobet und rast einher
Seit vielen tausenden von Jahren
Eh' ich und alle waren.

## SONETT

In Waffen steht die Welt
Um Länder und um Geld,
Aus Friedensliebe zwar,
So heißt es immerdar.

Nur eines ruhig bleibt
Und ew'ge Blüten treibt,
Im Reich der Poesie,
Da streitet man sich nie. —

In reinem Element
Man keine Feindschaft kennt,
Die Mensch vom Menschen trennt.
Ob nahe oder weit
Man leidet mit, mit Leid —
Für jetzt und alle Zeit.

Was tönet so laut durch die Lüfte,
Was tönet so laut durch den Wald,
Durch Berge, Täler und Klüfte
Und weit über das Meer es schallt.

Es ist kein Rufen, kein Schrei'n,
Wie Donner nur rollet es fort,
Durchbrechend die menschlichen Reih'n
An jeglichem fernsten Ort.

O Menschheit, so hoch einst gestiegen,
O Menschheit, du sankest herab,

Die schwärzlichen Banner, sie fliegen,
Verkünden Verderben und Grab.

Schon träumtest vom ewigen Frieden,
Schon winkten die Engel dir zu;
Vom Himmel auf Erden hienieden,
Jetzt findet der Streit keine Ruh'.

Es glühet vor Haß und vor Streite,
Es glühet und zischt in der Luft,
Es zündet in Nähe und Weite, —
Und Echo dem Echo es ruft.

Die Schönheit entschwindet von hinnen,
Die Weisheit bedeckt ihr Gesicht;
O Menschen, ihr scheinet von Sinnen,
Die Liebe empfindet ihr nicht.

Die Fahnen des Krieges, sie fliegen,
Verkünden Verderben und Grab;
O Menschheit, so hoch einst gestiegen,
O Menschheit, du sankest herab.


## KAISER FRIEDRICHS TRAUM

Es träumte einst ein Königskind
In Purpur und in Seide,
Daß alle Königskinder sind
Im Schloß wie auf der Heide.

Doch einsam blieb das Königskind
Und barfuß blieb die Heide,
Es pfiff und heulte rauh der Wind
Durch eine Trauerweide.

Ob Kaiser Friedrich, er es war,
Des Herzblut überschäumte;
Und als das Herz gebrochen war,
Noch liebend weiter träumte?

Du nahmst mir sie
Und meine Seele mit,
Verhallet ist ihr Schritt,
Vergessen nie.

Du nahmst sie mir
Zerstörende Natur,
Doch ihren Körper nur,
Ihr Geist steht über dir.

Genommen ist der Grund,
Auf dem ich stand,
Nie Heilung fand
Die Stelle blutig, wund.


## DER SAVOYARDENKNABE

Kennt ihr den braunen Buben,
Im Berner Oberland,
Mit strahlend schwarzen Augen
Reicht er euch hin die Hand.

Der allerliebste Junge,
Ist jünger noch als jung,
Er stürzt in die Luzine*
Und holt sich einen Trunk.

Er schläft bei Alpenrosen
Auf einem harten Stein
Und manchmal auch vor Hunger
Bei Eisesgrotte ein.

Der Hunger, ja das Essen
Bekömmt man nur für Geld,
Drum späh't er aller Orten,
Ob nicht ein Wagen hält.

* Im Grindelwald fließt die schwarze und die weiße Luzine.

Ein Wagen, Reisewagen,
Da stürzt er hin wie toll
Und strecket beide Hände
Nach einem Hungerzoll.

## DER ZAR

Aus des Zaren reinen Händen
Nimmt die Welt den Frieden an,
Und die Völker alle wie ein Mann
Ihm den reichsten Segen spenden.

Wollen all' die Waffen strecken,
Niemals sich mit Blut beflecken;
Denn was niemals vor ihm war,
Will und schafft der junge Zar.

Und es lächelt die Geschichte,
Sonst so ernsthaft im Gerichte.
Edler Zar, bist Gott gesandt,
Schaffst das größte Vaterland. — —

Blumenduft strömt mir entgegen
Aus der Armen Hand,
Wie ein wahrer Blütenregen,
Mir von Gott gesandt.
Nehmt zum Dank für eure Spende
Heute meinen ersten Sang,
Ehrte eure fleiß'gen Hände,
Liebte euch mein Leben lang!

Tage kommen und entschwinden,
Jahre kommen und vergeh'n,
Und kein Mensch kann es ergründen
Dieses Kommen, dieses Geh'n.

Gott nur kann das Rätsel wissen,
Logisch laßt uns ihm vertrau'n,
Fest auf seine Hilfe bau'n,
Froh den Tag, das Jahr begrüßen.

Und ein jeder Tag, er bringe
Uns die allerbesten Dinge,
Mut und Kraft und Sonnenschein,
Was wir taten, mag gedeih'n,
Was wir wünschen, bald gelinge
Uns und allen, welche rein.

Von der Decke bis zur Diele
Muß der Schweiß herunter rinnen,
Willst gelangen Du zum Ziele,
Wohlverdienten Preis gewinnen.

## ZUM 70STEN GEBURTSTAGE HERRN ERNST VON WEBER,
### Vorsitzender des Weltbundes gegen die Vivisektion

Ich möchte auf einem Bilde dich seh'n,
Umringt von glücklichen Tieren,
Die heute hochjubelnd vor dir steh'n
Und dankbar dir gratulieren.

Die Einen, die Vögel nach ihrer Art,
Mit sinnigen Liedern, so weich und zart,
Die Hunde, die treuesten Seelen,
Die Hände zum Kusse dir stehlen.

# GEGEN DIE VIVISEKTION DER HUNDE

Die Treue wollt ihr lebend schinden,
Was wollt ihr denn in ihrem Herzen finden?
Wenn ihr in ihren Eingeweiden wühlt?
Vielleicht die Liebe, die sie für euch fühlt.

Ja, hier ist nichts
Und alles dort,
Doch reizend ist das »Hier«
Und unbekannt das »Dort«.

Doch unbekannt im Mutterleib'
Ist auch die Sonne, die wir seh'n,
Und schönres noch, so sagt die Schrift —
Schuf Gott in jenen Höh'n.

Seht ihr die grauen Föhren
Am blauen runden Teich,
Dazwischen die kleine Insel,
Fast einem Berge gleich.

Sie ist nur halb, die Insel,
Von außen kann man heran,
Doch jenseits von dem Berge
Man nicht mehr weiter kann.

Man gleicht auf jener Höhe
Fast einem Heiligenbild,
Bis man gleich einem Gletscher
Herunter stürzet wild.

Der Lenz ist gekommen
Und mit ihm das Glück,
Doch wer es nicht glaubet,
Dem weicht es zurück.
O, weiche nicht, bleibe
O, weich' nicht zurück,
Was Einer auch treibe,
Er brauchet das Glück.

Gedenke mir meine Liebe zum Menschen,
Gedenke mir meine Liebe zum Tier,
Und meine bescheid'ne Entsagung
Gedenk' es mir dorten und hier.

## EIN ANSTÄNDIGER MENSCH NENNT SICH

Dumme Jungen, Pamphletisten,
Schlechte Juden, schlechte Christen
Legten Dynamit und Gift,
Keins von beiden je mich trifft.

Anonyme Flüche blitzen,
Zünden, treffen und erhitzen
Nur den Fluchenden allein.
Armer Flucher, urgemein!

Zischest giftig obendrein,
Hassest alles das, was rein,
Mußt entsetzlich elend sein,
Feige Memme, geh' zur Ruh,
Rufet Dir die Erde zu,
Anonymer Bube Du!

Schön ist das Leben, ach schön, sehr schön,
Schön ist's und herrlich in Gottes Hut steh'n,
Schau'n in die Sonne und Blumen hinein,
Heiter und glücklich und friedfertig sein.

❦

Einander unbekannt — doch tief verwandt —
Das sind wir Menschen alle; —
Ich danke dir in jedem Falle
Für Deinen schönen Brief, den du gesandt.

❦

Goldnen Vögel, süße Freunde,
Nachbarsleute — keine Feinde —
Ohne Haß und ohne Neid:
Grüß' euch Gott für alle Zeit.

Das Vöglein erwacht,
Im Traume es dacht
An Röseleins Pracht,
Die Katze hält Wacht.

ODE

Aus dem kleinsten der Weltenräume,
Niedriger Mensch, erhebst du dich
Zu dem Gedanken an Gott,
Du wagst es.
Weißt du, ahnst du auch
Nur den Begriff seiner Größe?

Groß ist Gott, gnädig ist nur er
Millionen Wesen, Millionen Seelen,
Die einst hier gelebt.

Und Millionen Wesen, die in höheren Welten leben,
Und Millionen von Engeln
Und höheren Geistern
Erfassen nicht Gottes Größe;
Sie rufen Alle: Gott ist groß.
Mehr wissen sie nichts von Gott,
Geschweige du Mensch,
Bescheide dich, freue dich, daß Gott groß und
        allgnädig ist.

Dies Bewußtsein beglücke dich,
Erfreue dich —
Es sei deine Hoffnung, dein Halt;
Und freue dich jedes Tages,
Und freue dich jedes Gräsleins,
Der Schwalbe und Lerche und des Vergißmeinnichts.
Und wisse, daß Gott dich liebt,
Solange du lebst, und du lebst ewig.
Eins aber wissen alle, daß er
Ihnen geholfen hat und hilft.


GEBET

O, Gott, der du die Welten lenkest,
Der du sie schufst und sie erhältst,
O, Gott, der du die Menschen und die Tiere schufst,
Der du sie schufst und erhältst,
Erhalte, errette und schütze alle,
Die mir im Herzen wohnen.
Beglücke ganz und jeden, errette, erleuchte Alle,
Daß sie von ihren Irrtümern geheilt.
Ja beglücke, erhebe und vergebe ihnen alles,
Was sie aus Irrtum getan.
Laß die Härte ihres Herzens weichen

Und läutere sie, ohne Schmerz und ohne Prüfung
    zu sein,
Was sie stets sein sollten, gut und wahrhaft,
Beglücke aber auch du
Ganz und jeden und Alle,
Und daß sie ohne Schmerz und Prüfung sein mögen,
Wie sie es stets sein sollten, gut und wahrhaft.

Und gäb ich ihnen all' mein Blut,
Und gäb' ich ihnen all' mein Sein,
Sie hören und versteh'n mich nicht
Und sagen dämlich immer nein.

Doch naht die letzte Stunde einst,
Der gute Engel drüber weint,
Kommt Angst und Reue viel zu spät,
Dann wissen sie, wer's gut gemeint.

### HERRN B. VON M.,
der mir im Namen der B. Studentenschaft eine
Adresse nebst einem goldenen Lorbeerzweig
übersandte

In des Lorbeers goldnen Zweigen,
Sonnig strahlend und mein Eigen,
Rauscht es hörbar und es spricht:
»Solch Geschenk vergißt man nicht.«

Denn vom fernsten Pol zum Pole,
Einstens auf dem Kapitole
Solcher Zweig den Dichter krönt,
Daß ein König er sich wähnt.

Schreibest auch — o, schreibe, nütze
Menschenleben, rette, schütze,
Bist du dessen dir bewußt
Trägst den Lorbeer in der Brust.

## DER BUNZLAUER TOPF

Mein Rat ist: man sollte ihn füllen
Den riesigen Goliat,
Den Hunger der Menschen zu stillen,
Dann wären wir alle satt.

Ich rate an jeglichem Orte,
Es stünde solch' Töpfchen stets voll
Mit Suppe und Brot — nicht mit Torte,
Das jeden ganz sättigen soll.

So höret an jeglichem Hause,
Als Wächter es stehen soll,
Das Bunzlauer Töpfchen zum Schmause
Und jeder, er fände es voll.

Dann wär' manch' Kerker verlassen
Und alles bei fröhlichem Mut,
Die geizigen Sünder erblassen,
Und alles wär' friedlich und gut.

## GABRIELE LEHMANN
### geb. Richter

Jenen Frauen, der Vorzeit gleichend,
Die vom Guten niemals weichend,
Eins nur kannten: ihre Pflicht —
Horch, ich weih' dir ein Gedicht.

Niemand stand Dir bei in Not,
Starbst den stillen Heldentod;

Hast es sicherlich verzieh'n
Wie oft Blumen weiterblüh'n,

Die des Menschen Fuß getreten,
Wirst vielleicht noch für sie beten,
Die wie Steine oder Raben
Niemals Dir geholfen haben.


## HERRSCHSUCHT

Du allgemeinste, ganz gemeine Leidenschaft,
Die niemals etwas Gutes oder Schönes schafft.
Von Lieb' ist in dir keine Spur,
Du bist die reine Selbstsucht nur.


Rasch erglühet die Sünde,
Wie jegliche Leidenschaft,
Sicher auf Blumengewinde
Wandelt die ruhige Kraft.

Würde nur und Ruhe
Verleihen uns Macht und Kraft,
Was auch die Leidenschaft tue,
Das Rechte sie niemals schafft.


## DIPLOMATIE IM ALLTAGSLEBEN
## WIRD DIE MENSCHHEIT
## NICHT ERHEBEN

Höret, was das Neueste ist:
Ob man trinket oder ißt,
Ob man gehet oder stehet,
Ob im Wagen, auf dem Ritt,
Die Spekulation geht mit,

Und ein Jeder denkt daran,
Ob er sich was nützen kann.
Also übt man den Verstand
Und wird Selbstsucht-Spekulant.
Das ist Wahrheit, urgemein.
Schämt euch doch, ein Mensch zu sein.

# Aus der Sammlung ausgeschiedene Gedichte

Die Zahl der von der Autorin in den Nachauflagen getilgten Gedichte ist nicht sehr groß. Die meisten wurden zwischen der 4. und der 7. Ausgabe herausgenommen.

Wer sich dem Guten weihen will,
Der weihe sich ihm bald,
Wer sich unschuldig freuen kann,
Der freue sich alsbald —

Das Leben ist gar wunderlich,
Doch ist es kurz und schmal,
Umgeben rings von Klippen auch,
Von hohem Berg und Thal.

Genießet es, genießet es,
O Menschen zögert nie —
Die Prosa ist gar breit und lang,
Und kurz die Poesie —!

Das Leben ist gar wunderbar,
Ist wahrhaft wunderbar,
Ich hab's verträumt, ich hab's versäumt
So manchen Tag im Jahr!
So manchen Tag im Jahr!

Ein Jeder thut's, ein Jeder thut's,
Nur weiß er's selber nicht,
Dem Dichter nur, dem Dichter nur,
Dem sagt es sein Gedicht,
Dem sagt es sein Gedicht.

Zwei Täublein flogen in die Höh'
In eines Jägers Näh',
Ein Jäger ist meist wild und kalt,
Und jäh die Büchse knallt,
Und jäh die Büchse knallt.

So flogen sie wieder der Erde zu,
Den Mörder traf ihr Blick,
Dann schlossen sie still die Aeugelein zu,
Erliegend dem Geschick,
Erliegend dem Geschick.

## BEIM HERANNAHEN
## DES KAISERS IN BRESLAU
## IM SEPTEMBER 1882

Wollt Ihr den Kaiser nicht erfreun?
Ihm Blumen auf die Wege streun?
Der Kaiser ist ein wackrer Held,
Das weiß mit mir die ganze Welt.

Ein Held mit freundlichem Gesicht,
Er liebt das Recht und liebt die Pflicht,
Die Zwietracht ist ihm tief verhaßt
Und all der zänkische Ballast.

Sein Blick strahlt weise, mild und hehr, —
Des großen Friedrichs Sohn ist er —
Beruhigt aufgewühltes Meer —
Sein Sinn ist groß, sein Herz ist weich —
Das offenste im ganzen Reich —
Und jeder ist ihm lieb und gleich.

# WIRKLICHKEIT

Verfolgt von manches Bösen Gift,
Das im Verborgnen zielt und trifft,
Ich weiß wohl, was ich meine:
Beschränktheit sie ist seine.

Ein Feind von Allem, was da gut,
Was man erschuf mit frischem Muth,
Die Menschlichkeit, die reine —
O Feindlichkeit gemeine!

Er haßt den Stern am Firmament,
Weil er nicht niedre Kohle brennt —
Die falsche Viper liebt alleine —
Ich weiß wohl, was ich meine —

Bedacht nur für sein kleines »ich«,
Haßt dieser Mensch mich fürchterlich,
Stünd' ich nicht so alleine,
Ich thäte, was ich meine.

❧❦❧

Träume der Jugend, sie sind so schön,
Doch mit der Jugend sie auch vergehn,
Träume des Alters, sie werden wahr,
Doch sind es Träume mit weißem Haar.

Seht nur der Jugend so lichten Traum,
Rosenfarben mit goldenem Saum,
Schöner als alles Schöne er ist,
Und Du dem Menschen das Liebste bist!

# DIE POESIE

Die Poesie, die Poesie,
Die Poesie hat immer recht,
Sie ist von höherer Natur
Von übermenschlichem Geschlecht.

Und kränkt ihr sie, und drückt ihr sie,
Sie schimpfet nie, sie grollet nie,
Sie legt sich in das grüne Moos,
Beklagend ihr poetisch Loos!

# Aus der Werkstatt

Friederike Kempner hat ihre Gedichte ständig bearbeitet und kritisch durchgesehen, das zeigt ein Vergleich der verschiedenen Ausgaben. Vorsichtig geschätzt ist ein Drittel aller Gedichte bearbeitet und geändert worden, manche nur geringfügig. Im Verlauf der diversen Ausgaben wurde auch die Reihenfolge geändert und zwar nicht aus graphischen Gründen, oft eher um eine geschicktere Mischung zu erzielen. Ebenso wurden Überschriften geändert oder Untertitel.

Zur 7. Auflage hat sie die Rechtschreibung modernisiert, was bis dahin »th« geschrieben wurde, wird jetzt mit »t« geschrieben, »social« wird »sozial«, »Bouquet« wird »Boukett«, um nur einiges zu nennen.

Beispiele: Auf Seite 89 lautet das Gedicht bis zur 6. Auflage »O erkläret mir das Rätsel . . .« und findet sich auch so im Inhaltsverzeichnis. Dann stellte sie die bislang zweite Strophe voran, machte sie zur ersten, es beginnt, auch im Inhaltsverzeichnis, mit »Unbegriffen, unverstanden . . .«. (In der Ausgabe des Schünemann Verlages 1964 ist es in beiden Versionen separat abgedruckt.)

In »Der Kontrast« (51) wurde geändert: Hatte die junge Frau bis dahin braune Haare, so ist sie jetzt blond. Ihr Mann steckt sich jetzt eine Zigarette an, vorher war es eine Zigarre. Der Kutscher, der dem Bettelnden etwas zuwirft, gibt ihm in den beiden letzten Ausgaben vier Groschenstücke, davor waren es sechs, nämlich »Zwei- und Viergroschen«.

In »Fernweh« (68) lautete ursprünglich die letzte Strophe:

>     »Oder nimm mich in die Höhe
>     Nur ein tausend Meilen mit,
>     Daß von dort aus ich es sehe,
>     Wie die Erde klein aussieht!«

Sie wurde folgendermaßen geändert:

»Oder nimm mich in die Höhe
Nur eintausend Meilen mit,
Daß ich ihn von dort aus sehe:
Unsern kleinen Erdenstern.«

In »Logik« (74) ruft der wackere Kriegersmann bis zur
6. Auflage »Für Tode haben Gelder wir«, geändert zu »Fürs
Denkmal . . .«.

In »Der deutsche Tribun« (79) hat Börne bis zur 6. Auflage
schwarze Locken, danach braune. Hier die sechste Strophe:

»Er war es, der wackere Börne,
In dessen Brust es so schwül,
Der Deutschland so ernsthaft liebte,
Mit südlichem Gefühl —«

Die überarbeitete Fassung lautet:

»Er war's, der wackere Börne,
Der Meister von Rechtsgefühl —
Der Deutschland ernsthaft liebte
Mit heißem Pflichtgefühl!«

Probleme hatte sie, wie es scheint, mit dem Gedicht »Laßt
mich in die Wüste eilen« (116). Es wurde mehrfach verändert.
In der ersten Ausgabe lautete es:

»Laßt mich in die Wüste laufen,
Wo die 40 Palmen sind,
Wo die Dromedare saufen
Und die Quelle ewig rinnt.

Dort in jenen schatt'gen Bäumen . . .«

In der 4. Auflage waren die saufenden Dromedare weg-
gedichtet:

»Laßt mich in die Wüste eilen,

Wo die vierzig Palmen sind,
Wo die Dromedare weilen
Und die Quelle ewig rinnt.


Dort in jenen schatt'gen Bäumen . . .«


Immer noch unzufrieden, wohl mit der nicht ausreichend
erscheinenden Anzahl der Palmen und dem Schatten, den zu
werfen sie in der Lage waren, lautete das Gedicht ab der
6. Auflage:

> »Laßt mich in die Wüste eilen
> Wo die siebzig Palmen sind . . .
> Dort in jenen schlanken Bäumen . . .«

So blieb es dann bis zur 8. und letzten Auflage.

Im Gedicht »Die Aerzte Philosophen gleichen« (143) war die
dritte Strophe in den ersten Auflagen ein separates Gedicht.
Ab der 7. Auflage wurde es den vorangehenden zwei Strophen
zugefügt.

Auch das Gedicht »Ihr wißt wohl, wen ich meine« (157) hat
einige Veränderungen erfahren. In der 6. Auflage wurde jede
Endzeile wiederholt, in der 7. und 8. Auflage war die Wieder-
holung gestrichen. Die letzten Zeilen der dritten Strophe lau-
tete ursprünglich:

> »Der Mond strahlt kalt und reine,
> Die Stadt liegt an der Seine,
> Die Stadt liegt an der Seine.«

Sie wurde geändert in:

> »Der Mond mit rotem Scheine
> Beleuchtet Stadt und Seine.«

»Goldne Träume ging't verloren« (166) hieß vormals »Holden
Träume ging't verloren«. Während in der 6. Auflage die dritte
Zeile noch lautete »Bleibt zum Traume auserkoren«, wandelte
sie sich in der 7. Auflage zu dem pessimistischeren »Bleibt zum
Traume auserkoren!«

Eine Sonderheit ist in »Lied« (171) getilgt worden:

> »Das Blümlein hat die Pflicht geliebt —
> Die Pflicht hat seinen Kelch zerstiebt,
> Die Pflicht hat seinen Kelch zerstiebt.«

Bis zur 4. Auflage war in der vorletzten Strophe das Wort Pflicht in größerem Schriftgrad und fett hervorgehoben, in der zweiten Zeile ebenso — in der dritten jedoch nicht.

Im Gedicht »Es schläft die Welt« (178) war ursprünglich die vierte Zeile die dritte Zeile, also

> »Ob Bösewichter Herzen haben?
> Bei mir brennt Licht«

Die siebente Zeile lautete:

> »Und nur Phantome, die sie nimmer kennt . . .«

Sie wurde geändert in:

> »Und nur Phantome, ferne Schreckensbilder . . .«

# Kerrs Tante
## oder
# Die Rache des Germanischen Volksgefühls


Sie hat auch Gedichte geschrieben.

Die Gedichte haben ihren Ruhm begründet.

Sie hat aber vor allem sorgfältig dokumentierte Streitschriften verfaßt, sie hat Bühnenstücke geschrieben und Novellen.

Ihre Streitschriften waren sehr erfolgreich. Heute sind sie vergessen, wie ihre Novellen, ihre Stücke. Was geblieben ist, sind die Gedichte.

Das Aufsehen, das ihre Reime erregten, hat ihr wohl beträchtlich zu schaffen gemacht, ihrer Familie auch. Und ohne einen Blick auf die geschichtliche Kulisse ist das alles heutzutage schwer verständlich.

Da machte sich die kapitalistische Zeit der sogenannten »Gründerjahre« auf, den wahren Wert des Menschen zu verwandeln in einen Warenwert, und vor dem Hintergrund der »Gründerjahre« fand bei der zwangsläufig folgenden Wirtschaftskrise die Eröffnung des antisemitischen Zeitalters statt, eine besonders mordlüsterne Zeit, wie man inzwischen weiß.

Friederike Kempner wurde vor rund hundertfünfzig Jahren geboren, am 25. Juni 1836, in einem Ort namens Opatow; diesem Ort wurde stets hinzugefügt »Provinz Posen«.

Um den Ort leichter auf der Landkarte finden zu können? Keineswegs. Die Zufügung diente dem Zweck, das Ansehen dort Geborener herabzumindern.

1815 war Polen zwischen den Großmächten Preußen, Österreich und Rußland aufgeteilt worden. Preußen erhielt zwei Provinzen. Eine nannte man sogleich Westpreußen, die andere durfte ihren Namen behalten, Posen. Von Anfang an war Posen die rückständigste, fremdeste Provinz des »Berliner Königreichs« und blieb es auch für Generationen. Hier herrschte die größte Armut, es gab kaum Industrie. Die Provinz hatte die schlechtesten Straßen, die höchste Zahl von Analphabeten —

und die meisten Juden. 6,4 Prozent der Bevölkerung waren jüdisch — in Preußen waren es nur 1 Prozent.

Es gab Kleinstädte wie Fordon, Schwersenz, Kempen mit einem jüdischen Bevölkerungsanteil von über 50 Prozent.

Wenn zwischen 1815 und 1869 in Preußen Maßnahmen zur Gleichstellung jüdischer Bürger verkündet wurden, so trugen sie gewöhnlich den Vermerk »ausgenommen die Provinz Posen«. Ohnehin folgte in Preußen bis 1869 jedem Fortschritt in der Judenfrage ein halber Rückschritt.

Es drohten allerlei Gefahren aus der Provinz. Ein Viertel aller Handwerker waren jüdisch, sie übten ihre erlernte Tätigkeit frei aus. In Preußen aber herrschten Handwerkszünfte, die als die starrsten in Europa galten und »antikapitalistisch, antiliberal, antiintellektuell und antisemitisch« (J. H. Clapham/ T. S. Hamerow) ausgerichtet waren. Sie achteten strikt auf eine Begrenzung ihrer Mitgliederzahlen, taten folgerichtig alles, sich die jüdische Konkurrenz vom Halse zu halten.

Bis auf sehr wenige Ausnahmen blieb den Provinzbewohnern bis 1848 die Übersiedlung nach Preußen verboten. Nur einige wohlhabende Juden der Provinz wurden von Anfang an den privilegierten Juden Preußens gleichgestellt, sie wurden sogenannte Schutzjuden.

Alle anderen waren ohne bürgerliche Rechte oder Freiheiten.

Man kann annehmen, daß Joachim Kempner, der Vater der Dichterin, zu den privilegierten oder Schutzjuden Preußens gehörte. (In einem ihrer Gedichte hat sie ihn beschrieben.) Er stammte aus Schlesien. In Opatow verwaltete er die Güter des Grafen Maltzahn.

Friederike hatte einen älteren Bruder David und eine ältere Schwester Louise, wie sie in Opatow geboren, von beiden wird noch berichtet, sowie eine jüngere Schwester Helene. Ihre Mutter Marie stammte aus einer polnischen Familie, ihr Mädchenname lautete Aschkenasy.

Joachim Kempner muß einige Zeit nach der Geburt der jüngsten Tochter ein eigenes Rittergut in der Dorfgemeinde Droschkau bei Breslau erworben haben. Hier wuchs Friederike auf. Sie hat nie eine öffentliche Schule oder Hochschule besucht, sie erhielt Privatunterricht.

Die Kempners in Droschkau haben dem Anschein nach das Betreiben ihrer Landwirtschaft nicht nur als Gelderwerb betrachtet, sondern auch als eine Art sozialer Verpflichtung. So ist wohl zu erklären, daß die sechzehnjährige Friederike in der Armenfürsorge und Krankenpflege tätig wurde. Hier lernte sie Not kennen und lindern, und zwar aus eigenem Vermögen.

Sie war 19 Jahre alt, als bei G. Korn in Breslau 1855 ihr erstes Buch erschien. Es hat den Titel »Denkschrift über die Notwendigkeit einer gesetzlichen Einführung von Leichenhäusern«, im heutigen Verständnis nicht unbedingt ein Teenager-Thema. Damals war es das wohl auch nicht, aber ebensowenig eine Altjungfern-Marotte, aufgespült vom wogenden Zeitgeist.

Es ging um Scheintod.

Das gebildete und auch das ungebildete Europa war seit längerer Zeit bereits von der Furcht besessen, man könne als soeben Verstorbener, der den Gepflogenheiten nach rasch beigesetzt wurde, im tiefen Grabe aus todesähnlicher Ohnmacht wieder erwachen.

Dieses Thema hatte schon Ende des 18. Jahrhunderts die Gemüter erregt. Der Dichter Jean Paul war von der Scheintod-Furcht erfaßt, er schrieb 1788 darüber. Noch vor 1800 wurde in Weimar auf Goethes Betreiben ein öffentliches Leichenhaus errichtet, die Pläne dazu hatte der preußische Hofmedikus und Charité-Direktor Christoph Wilhelm Hufeland geliefert. 1803 hieß es zum Thema in der »Allgemeinen deutschen Bibliothek«: »Indessen wäre es sehr gut, wenn die Regierungen auf diesen Gegenstand aufmerksamer werden wollten, denn durch den Enthusiasmus einzelner Männer wird hierbei nicht viel ausgerichtet!«

Kempner tat nichts anderes, als 1855 die Regierungen »aufmerksamer« zu machen. Nur gesetzliche Maßnahmen könnten Abhilfe schaffen: Verstorbene sollten mindestens fünf Tage aufgebahrt werden, und zwar in öffentlich zugänglichen Leichenhäusern. Diese Frist würde genügen, zwischen Tod und Scheintod zu unterscheiden.

Wie ernst das Thema genommen wurde, zeigt ein Bericht in der »Schlesischen Zeitung« vom 7. September 1855. Am Vortage, so meldete das Breslauer Blatt, sei es auf dem »Elftausendjungfrauenkirchhof« zu »Zusammenrottungen« gekommen, weil sich in der Stadt das Gerücht verbreitet habe, aus einem Sarg seien Klopfgeräusche vernommen worden. Ein Scheintoter! (Das war ein Irrtum, wie sich bald herausstellte.)

Im gleichen Jahr wurde in Breslau der »Verein zur Förderung gesetzlicher Maßnahmen gegen den Scheintod« gegründet. Vorsitzender wurde ein Dr. phil. Eduard Thiel. 1863 teilte der Verein mit, ein Breslauer Bürger habe Geld für die Errichtung von zwei öffentlichen Leichenhäusern gespendet. Sie sollten in der Nähe des Ohlauer Tores und des Nikolaitores gebaut werden.

Da waren die Breslauer zehn Jahre hinter den Kempners zurück. Die hatten in der Dorfgemeinde Droschkau bereits ein Leichenhaus bauen lassen; am 31. Juli 1853 war es von Geistlichen beider christlicher Konfessionen geweiht worden.

Friederike Kempner begnügte sich keineswegs damit, ihre Schrift einfach verkaufen zu lassen. Sie verschickte Übersetzungen davon an europäische Persönlichkeiten, welche ihrer Ansicht nach Abhilfe schaffen konnten.

Die sechste Auflage der Denkschrift — sie erschien 1867 — enthält Dankschreiben von König Wilhelm I. von Preußen, Kaiser Napoleon III., Queen Victoria von England, Zar Alexander II. von Rußland, König Leopold I. von Belgien, Alexander von Humboldt, dem katholischen Fürstbischof Heinrich von Breslau und dem evangelischen Oberhofprediger Bödeker aus Hannover, um nur einige zu nennen.

Am 7. März 1871 ordnete der preußische König und deutsche Kaiser Wilhelm I. — mit Bezug auf Kempners Denkschrift — für alle Gemeinden eine gesetzliche Wartefrist von fünf Tagen zwischen Tod und Beisetzung an.

Das Ziel war erreicht.

Gerhart Herrmann, der sich Mostar nennt, behauptet, Friederike habe den preußischen Kronprinzen und den preußischen König mit Denkschriften zum Thema Scheintod bombardiert. Aber erst als ihre komischen Gedichte das majestätische Auge erreichten, sei man von dem Anliegen gerührt worden und habe die Wartefrist angeordnet.

Das ist, wie so manche von ihm wiedergegebenen Kempner-Gedichte, aber auch wie geschichtliche Zusammenhänge, »mostarisiert«, um Hacks zu zitieren.

Als der deutsche Kaiser 1871 seine Anordnung traf, hatte er zwar die Denkschrift gelesen, die Gedichte aber waren noch gar nicht publiziert.

Zunächst erschien 1860 ihr erstes Bühnenstück, eine Tragödie mit dem Titel »Berenice«. Ein Jahr darauf wurde Kempners erste Novelle »Eine Frage Friedrichs des Großen« gedruckt. Sie hat ihr die Bezeichnung »humoristisch« gegeben. Humoristisch jedoch ist an der Novelle gar nichts.

Auf einem fernen Stern, der von den erlauchtesten Geistern der Weltgeschichte bevölkert ist, trifft einer von der Erde ein. Er wird umringt, befragt. Jeder will wissen, wie es denn drunten um jenes Anliegen stünde, um das man sich einst bemüht habe. Da fragen Philosophen, Dichter, Staatsmänner, Wissenschaftler, Pädagogen. Jeder erhält Auskunft. Moses Mendelssohn erfährt, daß seine Forderung nach Toleranz verwirklicht sei »in Preußen, Amerika, China, Frankreich, England und Belgien«. Pestalozzi hört, daß »Deutschland und ganz besonders Preußen« so glücklich sei, die meisten Schulen zu besitzen.

Friedrich der Große stellt die letzte Frage. Sie gilt dem, was heutzutage auf Erden wohl das größte Übel sei. Die Antwort ist kühn: »Das größte Übel auf Erden ist, lebendig begraben zu werden.«

Sie wußte schon, wie man eine Sache vorantreibt.

Der Novelle folgte 1867 die Tragödie »Rudolf II. oder Der Majestätsbrief«. Das Stück ist gewidmet »Herrn Dr. August Bökh, Geheimer Rat und Professor, Ständiger Sekretär der Akademie der Wissenschaft in Berlin«. Aufgeführt wurde es in Berlin. — Bökhs Tod übrigens war Anlaß für ein Gedicht.

Die stoffliche Vorlage der Tragödie ist die Verkündung der Religionsfreiheit 1609 an die Stände in Schlesien und Böhmen. Glaubensfreiheit schließt auch die jüdische Religion ein.

Es galt, dieses Thema zu fördern, denn in Preußen herrschte noch keineswegs die volle Freiheit der Religionen, das heißt, die Juden waren in der Ausübung bürgerlicher Freiheiten beschränkt. Erst zwei Jahre später wurden durch Gesetz des Norddeutschen Bundes vom 3. Juli 1869, »alle noch bestehenden, aus der Verschiedenheit des religiösen Verständnisses hergeleiteten Beschränkungen der bürgerlichen und staatsbürgerlichen Rechte« aufgehoben. »Insbesondere soll die Befähigung zur Teilnahme an der Gemeinde- und Landesvertretung und zur Bekleidung öffentlicher Ämter vom religiösen Bekenntnis unabhängig sein.«

Nach der Reichsgründung 1871 wurde dieses Gesetz für alle Bundesstaaten des Deutschen Reiches gültig. In Deutschland gab es für Juden keinen rechtlichen Ausnahmestatus mehr.

Auch nicht für Bewohner der »Provinz Posen«.

Ein Jahr nach der Tragödie erschien die historische Novelle »Nettelbeck oder Patriot und Kosmopolit«. Im Vorwort erklärt die Autorin, weshalb sie die Form der Novelle bevorzuge. Ausgedehnte Romane schienen »hauptsächlich zur Unterhaltung derjenigen Leser bestimmt zu sein, welche viel Muße haben«. Sie aber wünsche sich, von denjenigen gelesen zu werden, welche wenig Muße haben.

Im übrigen favorisieren die Schriftsteller ihrer Zeit die kürzere Novelle. Alle schreiben Novellen, es ist wohl die Entwicklung hin zur Kurzgeschichte des folgenden Jahrhunderts — Zeit ist Geld.

Was sie mit ihren Novellen bewirken wollte? Nun, »den Fortschritt in der Humanität dartun«, wie es im Vorwort heißt, denn »der Verwirklichung des Ideals in Sachen der Humanität ist Preußen durch seine Gesetzgebung stets am nächsten gekommen«.

Sie schreibt später noch verschiedene historische Novellen.

In einem Aufsatz für die in der Bundesrepublik alljährlich erscheinenden »Jahrbücher der schlesischen Friedrich-Wilhelm-Universität Breslau« — Breslau ist seit 1945 polnisch und heißt Wrocław, die Universität trägt den Namen Bolesław Bieruts — schreibt 1962 Margot Krohn, eine Emigrantin, die Kempner-Novellen seien keineswegs »historisch wahr«, nicht einmal »historisch wahrscheinlich«. Kempner habe vielmehr Geschichte so beschrieben »wie sie sich hätte abspielen sollen; sie macht sich die Geschichte ihren Plänen für die Menschheit untertan — und diese Pläne sind gut«.

Nach »Nettelbeck« erschien 1869 die Denkschrift »Gegen die Einzelhaft oder Das Zellengefängnis«.

Die Autorin eröffnet mit dieser Schrift eine Kampagne gegen die in Preußen und Deutschland übliche Einzelhaft für Straftäter. Sie hält diese Einzelhaft für eine verschrobene Idee aus Amerika, die Straffällige davon abhalten solle, durch Kontakt mit anderen Häftlingen neue Verbrechensmethoden kennenzulernen oder die eigenen zu vervollkommnen. Diese Ansicht kursiert noch heute unter dem Schlagwort, Gefängnisse seien »Hochschulen für Verbrecher«.

Friederike Kempner — mittlerweile fünfunddreißig Jahre alt — argumentiert leidenschaftlich gegen diese These. Einzelhaft sei eine geistige Marter, schreibt sie, eine »Zwillingsschwester der Tortur«, schlimmer als die Todesstrafe. Die Todesstrafe selbst hält sie für eine kulturelle Schande der Menschheit.

Und weiter: »Alleinsein kann nur der Glückliche, der Vorwurfsfreie — ganz allein sein im buchstäblichen Sinne kann niemand ohne zu verzweifeln oder den Verstand zu verlieren.« Einzelhaft ist für sie, um ein modernes Wort zu gebrauchen, Isolationsfolter. »Der Staat soll die Gesellschaft vor Verbrechern schützen, soviel es tunlich ist, aber er hat nicht das Recht, raffinierte Grausamkeiten an ihnen zu begehen oder Seelenexperimente mit ihnen zu machen.«

Listig argumentiert sie weiter, durch eine Aufhebung der Einzelhaft könnten auch willkürliche Grausamkeiten der Wärter an Häftlingen verhindert werden, denn der Mensch in Einzelhaft habe keinerlei Zeugen für derartige Übergriffe.

Wieder hat sie Erfolg. Zunächst wird die Einzelhaft für Lebenslängliche aufgehoben, später auch für andere Häftlinge.

Im Jahre 1880 veröffentlichte sie ein Trauerspiel mit dem Titel »Antigonos«.

Im selben Jahr wurden ihre Gedichte berühmt. Am 26. Juni 1880 erschien in der Berliner Literaturzeitschrift »Die Gegenwart« eine Rezension der ersten Auflage.

Wann genau die Gedichte zuerst erschienen, muß offen bleiben. Vermutlich ist die erste Ausgabe ein Privatdruck von geringer Auflage, sie gilt als verschollen.

Aber die Spuren lassen sich verfolgen.

Der Leipziger Literaturhistoriker und Germanist Georg Witkowski, Bruder des Publizisten Maximilian Harden, unter anderem Verfasser einer Goethe-Biographie und im Vorstand der Weimarer »Gesellschaft der Bibliophilen«, hatte 1904 in Leipzig eine örtliche Bibliophilen-Gesellschaft gegründet, welche sich »Leipziger Bibliophilen-Abend« nannte. Der Kreis gab einmal im Jahr Privatdrucke rarer Werke in kleinster Auflage heraus, die an die Mitglieder verteilt wurden.

Der Privatdruck zum Jahresessen des »Leipziger Bibliophilen-Abends« vom 21. Februar 1931 war ein von Witkowski herausgegebener Band der ersten Ausgabe der Kempner-Gedichte. Auflage 200 Exemplare. Es handelt sich um ein dünnes Faksimile-Bändchen und enthält nur Gedichte, welche nachweislich von ihr stammen.

Ihr Vorwort zu diesem Buch trägt die Jahreszahl 1873 und es findet sich in allen ihren späteren Ausgaben als Vorwort zur ersten Ausgabe wieder. In allen späteren Ausgaben erscheint das Vorwort zur ersten Ausgabe ohne Jahreszahl. Im Vorwort der zweiten Ausgabe, erschienen 1882, heißt es dann, sie danke für das rege Interesse an der ersten Auflage, das »nach so kurzer Zeit eine zweite notwendig« mache.

Neun Jahre zwischen der ersten und der zweiten Auflage sollen eine kurze Zeit gewesen sein?

Herr Witkowski war ein ehrenwerter Mann. Niemals hätte dieser penible Bibliophile wohl gewagt, dem Reprint ein Datum anzufügen, welches er nicht im Original gefunden hätte.

Frau Kempner war eine ehrenwerte Dame, sollte sie aus Gründen einer vermeintlichen Verkaufsförderung geflunkert haben? Sollte es ihr peinlich gewesen sein, den Eindruck zu erwecken, ihr Gedichtband habe viele Jahre unbeachtet herumgelegen, und hat sie deswegen das Datum der Erstausgabe ihrer Gedichte getilgt?

Tatsache ist, daß am 26. Juni 1880 in der Zeitschrift »Die Gegenwart« eine ausführliche Besprechung der ersten Ausgabe ihrer Gedichte erschien. Die Folgen waren enorm.

Zum Verständnis der ungewöhnlich großen Wirkung der Rezension ist es notwendig, einen Blick auf die ökonomischen und politischen Verhältnisse im Lande zu richten.

1867 waren die strengen Gesetze zur Gründung von Aktiengesellschaften gelockert worden. Ohne große Behinderungen konnten sich in den folgenden »Gründerjahren« Firmen und

Existenzen etablieren, man fing an in großem Stil zu spekulieren. Es winkte Reichtum ohne Arbeit, man brauchte nur Geld für sich arbeiten zu lassen.

Nach dem Sieg über Frankreich 1870 und der Reichsgründung im Januar 1871, schlug der »Gründerrausch« in hektische Spekulationsgier um. Grund dafür war, daß Frankreich den deutschen Siegern überpünktlich und prompt jene fünf Milliarden Goldfrancs gezahlt hatte, zu denen es als Kriegsentschädigung verurteilt worden war.

Das Deutsche Reich benutzte die Geldmengen, um sofort und vorzeitig, auf einen Schlag sozusagen, alle öffentlichen Schulden zu begleichen. Die riesige Menge Geld, welche sich auf das Land verteilte, wirkte wie ein leckes Petroleumfaß, welches man in ein glimmendes Feuer gerollt hatte.

Innerhalb von drei Jahren wurden so viele Stahlwerke, Hochöfen und Maschinenfabriken gegründet wie in den vorangegangenen siebzig Jahren insgesamt. Die neugegründeten Aktiengesellschaften hatten ein Nominalkapital, das dem aller Aktiengesellschaften der vorangegangenen vierundvierzig Jahre insgesamt entsprach. Berlin wurde zum Zentrum der deutschen Wirtschaft.

1869 waren sämtliche noch bestehenden Rechtseinschränkungen für jüdische Bürger aufgehoben worden, ab 1848 auch schrittweise für die Provinz Posen. Immer mehr Juden aus der Provinz ließen sich in Berlin nieder, eröffneten Läden und Handelshäuser und beteiligten sich an Gründungen aller Art, schließlich besaßen sie die gleichen bürgerlichen Rechte wie alle Landesbewohner.

1873 brach die Wiener Börse zusammen, danach die Berliner und im Herbst die New Yorker Börse. Die Aktienkurse fielen, wie es im Jargon heißt, in den Keller. Anfang 1874 hatten sich 116 Industrieunternehmen, 4 Eisenbahngesellschaften und 61 Banken für zahlungsunfähig erklärt. Erspartes war verloren, Fabriken schlossen, die Zahl der Arbeitslosen stieg an.

Als Folge dieser klassischen Überproduktion und der Überinvestitionen begann die längste Wirtschaftskrise des Jahrhunderts.

Sie dauerte fast zwanzig Jahre.

Wer war schuld daran?

Die Antwort war rasch gefunden: die Juden. Und die Sozialisten.

Wie das?

Die populäre These der Zeit lautete, die Juden hätten sich als Börsianer, als Händler und Kulturschaffende, als Zeitungsbesitzer und Bankiers verschworen, den Germanen die Segnungen des Kapitalismus zu entreißen, um sie zu vernichten. Gleichzeitig bemühten sich jüdische Sozialisten, die Arbeiterschaft aufzuwiegeln und zu beherrschen, um das Germanentum niederzuringen. Ein Angriff von zwei Seiten also.

Das ist der Kern der These von der jüdisch-bolschewistischen Weltverschwörung, welche die Nazis so gerne benutzten.

Im Juni 1875 stellte die »Kreuzzeitung«, das Zentralorgan des preußischen Junkertums, fest, die deutsche Wirtschaftspolitik der letzten Jahre sei eine einzige Judenpolitik gewesen, betrieben von Juden und für Juden, »tatsächlich regieren uns die Juden«.

Die »Gartenlaube«, deren Auflage in den siebziger Jahren bei etwa 300 000 Exemplaren lag, veröffentlichte eine Artikelserie gegen die von Juden betriebenen Spekulationen, die zum Niedergang der Wirtschaft geführt hätten. Die Serie wurde bald darauf als Buch ein Bestseller.

In der katholischen Zeitung »Germania« wurde die »Emanzipation der Christen von den Juden« gefordert und zwar »als Protest der germanischen Rasse gegen das Eindringen eines fremden Stammes«.

Bereits 1873, pünktlich zum Zusammenbruch der Börse, hatte ein Wilhelm Marr eine Broschüre mit dem Titel »Der Sieg des Judentums über das Germanentum« veröffentlicht. 1879 gründete er eine »Antisemiten-Liga«, denn wegen des jüdischen Börsen- und Pressemonopols lebe das deutsche Volk unter einer Fremdherrschaft. Wilhelm Marr gilt in der Geschichtsschreibung als Erfinder des Wortes Antisemitismus.

Tatsache aber war, daß es kein jüdisches Presse- oder Börsenmonopol gab. Die Zahl nicht-jüdischer Börsianer und nicht-jüdischer Presseleute überwog. Allerdings war der Anteil der Juden an Börse, Handel, Wirtschaft und Presse im Vergleich zum jüdischen Bevölkerungsteil sehr hoch.

1879 und 1880 erreichte die Wirtschaftskrise einen Höhepunkt.

Die antisemitische Kampagne, bisher öffentlich vorwiegend in Zeitungen betrieben, erhielt »höhere Weihen«. Im Jahre 1879 gründete in Berlin der kaiserliche Hofprediger Adolf Stoecker eine antisemitische Partei. Er gab ihr den Namen »Christlich-Soziale Arbeiterpartei«. Er versuchte, die Berliner Arbeiter zu agitieren, hatte aber praktisch keinen Erfolg. Danach wandte er sich den Kleinbürgern zu. Hier gewann er Anhänger in Scharen für seine inzwischen umbenannte »Bewegung«.

Dank der Position als kaiserlicher Hoflieferant des Gotteswortes hatte sein politisches Treiben eine Qualität, die anderen Agitatoren fehlte, zumal der Hof den politisierenden Hofprediger gewähren ließ. Nur einmal, viel später allerdings, wurde Stoecker milde gerügt. Es war eine Rüge, von der jedermann sagte, man könne gut damit leben.

Die »höchste Weihe« aber erfuhr der Antisemitismus im Spätherbst des gleichen Jahres.

Im November 1879 veröffentlichte der preußische Historiker Heinrich von Treitschke in den »Preußischen Jahrbüchern« einen Beitrag, in dem er den vorhandenen Antisemitismus als »brutale und gehässige, aber natürliche Reaktion des germanischen Volksgefühls gegen ein fremdes Element« bezeichnet. Ganz im Sinne dessen, was man so gern gesundes deutsches Volksempfinden nannte, polemisiert er gegen die aus der Provinz Posen nach Berlin eingereisten jüdischen Bürger: »Über unsere Ostgrenze dringt Jahr für Jahr eine Schar strebsamer, hosenverkaufender Jünglinge herein, deren Kinder und Kindeskinder dereinst Deutschlands Börsen und Zeitungen beherrschen sollen!« Seine Polemik mündet in den Satz: »Die Juden sind unser Unglück!«

Damit hatte Treitschke dank seines Prestiges den Antisemitismus »aus der Gosse gehoben«, zum »Bestandteil der Vaterlandsliebe gemacht« (Fritz Stern).

Der Treitschke-Satz wurde fortan zum politischen Schlagwort der Antisemiten. Wenn in den zwanziger und dreißiger Jahren des folgenden Jahrhunderts Hitler, Goebbels oder andere Hakenkreuzträger in Sportpalästen und Bierhallen sprachen, zierte der Historiker-Slogan oftmals die Stirnseite der Säle oberhalb des Rednerpults.

Schließlich hatte ein Professor ihn gesprochen.

Ein anderer Professor, der unter dem Namen Paul de Lagarde schreibende Paul Bötticher, führte mit einer vielbeachteten Schrift den Gedanken der Judenvernichtung in die Debatte ein. »Die Juden sind als Juden in jedem europäischen Land Fremde, und als Fremde nichts als Träger der Verwesung«, schrieb er. Man sei wohl gegenwärtig nur noch zu feige, das »Ungeziefer zu zertreten«. Er verglich Juden mit »Trichinen und Bazillen«; mit denen könne nicht verhandelt werden: »Trichinen und Bazillen . . . werden so rasch und gründlich wie möglich unschädlich gemacht!«

Deutsche Zeitungen riefen zum Boykott jüdischer Geschäfte auf.

Im Herbst 1880 steigerte sich diese Hysterie noch weiter. Beunruhigt durch die antisemitischen Umtriebe brachte der Abgeordnete der »Fortschritts-Partei« im Preußischen Abgeordnetenhaus, Dr. Albert Hänel, eine Interpellation ein. Die Regierung wurde gefragt: »Welche Stellung nimmt dieselbe Anforderungen gegenüber ein, die auf Beseitigung der vollen verfassungsmäßigen Gleichberechtigung der jüdischen Staatsbürger zielen?«

In der zweitägigen Debatte brandete der angestaute Judenhaß auf. Die Regierung sprach sich in keiner Weise gegen die antisemitische Agitation aus. Sie bestätigte nur kühl und sachlich, »daß die bestehende Gesetzgebung die Gleichberechtigung der religiösen Bekenntnisse in staatsbürgerlicher Beziehung ausspricht, und daß das Staatsministerium nicht beabsichtigt, eine Änderung dieses Rechtszustandes eintreten zu lassen«.

Der Historiker Fritz Stern urteilt, der Staat wollte anscheinend die antisemitische Agitation sanktionieren, um sie für seine Zwecke zu benutzen: »Allein die Zurückweisung durch die Regierung hätte den Antisemitismus seines Ansehens beraubt, dem sich viele Deutsche nicht angeschlossen hätten, wenn er nicht stillschweigend von der Regierung quasi lizensiert worden wäre.«

In dieser Situation erscheint die Besprechung des ersten Bandes der Gedichte von Friederike Kempner.

Der Band trägt, wie auch alle späteren, die Widmung: »Meiner verewigten Mutter, der Frau Rittergutsbesitzer Marie Kempner, geborene Aschkenasy.«

Damals konnte jeder Lesekundige sofort die Nachricht entziffern, die diese Widmung enthielt: Aschkenasim waren die in Mittel- und Osteuropa lebenden Juden mit eigener Tradition und Sprache. Hier handelte es sich also um eine jüdische Familie, die sich auf irgendeine Art und Weise ein Rittergut »errafft« hatte. Und hatten sich nicht viele, welche aus der Stadt Kempen der Provinz Posen stammten, einfach nach der Stadt genannt, Kempner also?

Der Antisemitismus wurde auch als »Kulturkampf« geführt, und zwar unter dem Motto, man müsse der »Verjudung des deutschen Geistes« entgegenwirken. Der »Kulturkampf« aber wurde nicht minder heftig und nicht minder haßerfüllt betrieben als der politische Kampf. Juden galten demnach als »nicht kulturfähig«. Die Kunst der Juden lasse kalt, lasse gleichgültig, sei trivial, urteilte Richard Wagner. Die jüdische Rasse sei »der geborene Feind der reinen Menschheit und alles Edlen in ihr«.

Wagners Schwiegersohn, Houston Stewart Chamberlain, nannte die Juden eine »Mischrasse mit unreinem Blut«, Juden seien »Bastardhunde«. Das bezog sich auch auf ihre »kulturellen Fähigkeiten«.

Die Besprechung des Gedichtbandes erschien in der in Berlin herausgegebenen Zeitschrift »Die Gegenwart«. Chefredakteur und Herausgeber war der Schriftsteller Paul Lindau. Er hatte als Journalist im »Wolfschen Telegraphenbüro« begonnen, später schrieb er im Solde des Bankhauses Bleichröder eine Artikelserie über Mexiko, weil gerade mexikanische Schuldverschreibungen lanciert werden sollten. Außerdem galt er als gewandter und produktiver Erzähler und Dramatiker.

Paul Lindau war Deutscher, nebenbei wäre zu erwähnen, daß er Jude war.

Seine Besprechung des Gedichtbandes war voll bissiger Ironie. Er zitierte genüßlich die Verse des dichtenden, späten Fräulein Gutsbesitzerin, geboren in der Provinz Posen, und empfahl allen humorvoll gestimmten Personen den Erwerb des Buches zum Zwecke der Erheiterung.

Paul Lindaus Stimme hatte Gewicht im damaligen Berlin und in ganz Deutschland. Sie hatte derartiges Gewicht, daß er ein paar Jahre später selbst zur Zielscheibe antisemitischer Angriffe im »Kulturkampf« wurde. Man warf ihm »jüdische Diktatur« des Berliner Theaterlebens vor, ausgesprochen »jüdische Geschmacksentgleisungen«. Lindau bedauerte später, er habe das Unglück gehabt, mit dem schlimmsten Gesindel der Welt zusammengeraten zu sein.

Friederike Kempner standen diese Erfahrungen noch bevor. Ihre Gedichte waren zunächst einmal stark gefragt.

Man juxte sich allenthalben über den »schlesischen Schwan«, die »schlesische Nachtigall«, die »Nachtigall im Tintenfaß«. Die Gedichte verkauften sich im Jahre 1881 sehr gut, wie es scheint.

Im Frühjahr 1881 wurde Bismarck eine von 267 000 preußischen Bürgern unterzeichnete Petition überreicht, in der ein Einwanderungsverbot für Juden und ihre Entfernung aus dem öffentlichen Dienst gefordert wurde. Veranlaßt hatte diese Petition Bernhard Förster, der Schwager von Friedrich Nietzsche.

Im gleichen Jahr kam es an verschiedenen Orten Preußens zu Ausschreitungen gegen Juden und jüdische Einrichtungen. In Neustettin wurde eine Synagoge niedergebrannt. In Pommern und Westpreußen wurden antisemitische Reden vorübergehend untersagt.

Dichter wie Bierbaum oder Dehmel schrieben nach Lektüre des Bandes an Friederike Kempner, sie solle sich durch kläffende Neider nicht irre machen lassen, ihre Gedichte seien einzigartig, einfach wunderbar.

Das war keinesfalls ironisch gemeint.

Otto Julius Bierbaum befand in einem Essay über Kempner: »Diese Dame gehört durchaus in die Literaturgeschichte des ausgehenden neunzehnten Jahrhunderts.« Was sie gedichtet habe, decke »ganze Provinzen der jeweils beliebten Literatur wie mit einem Schlaglicht in ihrer Dämlichkeit« auf.

Friederikes Familie muß sehr bald bemerkt haben, daß trotz manchen Zuspruchs die Reime vom Friederikenhof benutzt wurden, um jüdischen Bürgern jedwede »Kulturfähigkeit« abzusprechen. Menschen, die einem Volk entstammen, das jahrhundertelang unter demütigenden und schmerzlichen Verfolgungen gelitten hat, besitzen gewöhnlich ein verfeinertes Gefühl für öffentliche Schmähungen.

Die Familie war zudem für Literatur und Kunst sehr aufgeschlossen. Der Bruder David, der ein Gut in Schlesien bewirtschaftete, schrieb historische Novellen, die er fortan anonym erscheinen ließ.

Die Schwester Louise, verehelichte Stadthagen, lebte in Breslau und schrieb — fast erscheint es als Ironie — historische Novellen. Aus dem Nachlaß der Schwester veröffentlichte Friederike ein von ihr bearbeitetes Werk mit dem Titel »Roger Bacon« (1893).

Um den Namen Kempner vor höhnischen Verunstaltungen durch den neuen Zeitgeist zu bewahren — und wohl nicht nur den Namen Kempner —, begann die Familie heimlich sämtliche Gedichtbände, aber nur diese, aufzukaufen, um sie zu vernichten, aus dem Verkehr zu ziehen.

Die heimlichen Aufkäufe der Familie förderten den Absatz ungemein, und unter Verlegern begann sich bald herumzusprechen, daß die Gedichte ein sicheres Geschäft seien.

1882 erschien die zweite Auflage der Gedichte mit Worten des Dankes für das rege Interesse des Publikums. »Es freut mich unbeschreiblich, daß aus allen Gegenden Deutschlands, von nah und fern, Anfragen und das Verlangen nach diesen Gedichten an mich schriftlich ausgesprochen wurden. Ich bin stolz darauf und ganz besonders gerührt, daß alle Farben und Parteien dabei vertreten waren . . .«

Die zweite Auflage, um neue Gedichte »vermehrt«, war wenige Monate später, nämlich im Mai 1883, bereits vergriffen.

»Möge der dritten dieselbe Gunst zuteil werden«, hoffte die Autorin beim Erscheinen der dritten Auflage im April 1884.

Die Gunst wurde zuteil. Innerhalb von vier Monaten war auch die dritte Auflage verkauft. Im November des selben Jahres erschien die vierte Auflage, »vermehrt« um neue Gedichte. Die Höhe der Auflagen stieg ständig.

Im Vorwort zur fünften »vermehrten« Auflage vom Oktober 1887 klingt zum erstenmal an, welchen Mißlichkeiten sich Kempner ausgesetzt sah. Morddrohungen und anonyme

Schmähbriefe müssen sie erreicht haben und zwar, wie sie bemerkt, »fast täglich«. Man hatte ihr angekündigt, sie zu vergiften, ja in die Luft zu sprengen. »Aber Dynamit und Gift sind schlechte Waffen, die sich überlebt haben«, tadelt sie.

Friederike Kempner war demnach alles andere als ein weltfremder »schlesischer Schwan«, wie sie heute noch gelegentlich dargestellt wird. Wohl unterrichtet über alle Dinge, die in Preußen, in Deutschland und in der Welt vorgingen, beschäftigte sie sich auf ihrem Gut »Friederikenhof« bei Reichthal eifrig mit dem Lesen und Ausschneiden von Zeitungen. Auch ließ sie sich aus den Archiven der »Breslauer Zeitung« und der »Schlesischen Zeitung« bedienen und wertete »mit ungeheurem Fleiß und Ausdauer und Methodik« Fachzeitschriften, Bücher und Denkschriften aus, weiß Margot Krohn.

Und sie hätte nie bemerkt, daß die Familie, voran wohl Bruder David, ihre Auflagen aufkaufen und vernichten ließ? Es scheint so.

Die 6. Auflage der Gedichte erschien, »vermehrt« selbstverständlich, im Jahre 1891.

Im Jahre 1893 war der Bruder David gezwungen, seine Landwirtschaft zu verkaufen.

Die 7. Ausgabe der Gedichte (1894) wurde vermutlich in außerordentlich hoher Auflage verlegt, vielen tausend Exemplaren.

1895 starb Bruder David.

Nur der Kuriosität wegen sei erwähnt, daß ihr Berliner Verleger Karl Siegismund zwischen dem Erscheinen der 7. und der 8. Auflage der Gedichte zum Hoflieferanten aufgestiegen war.

In der Zeit, da die Gedichte Aufmerksamkeit erregten und die Autorin beschäftigt war, sie zu »vermehren«, schrieb sie außerdem unermüdlich weitere Streitschriften.

1885 veröffentlichte sie das »Büchlein von der Menschheit«. Es erhebt Forderungen an den Staat, »die Mutter unser aller«. Personen, die in Not und Armut geraten seien, hätten »das Anrecht auf Wohnung, Essen und Arbeit« — und zwar vom Staat. Sie dürften nicht der eher zufälligen privaten Wohlfahrtspflege überlassen werden. Weiterhin habe der Staat für ausreichende Lehrstätten und Erzieher zu sorgen.

Sie dachte auch darüber nach, wie sich der Staat die dafür nötigen Mittel beschaffen könne: Auf die gleiche Art nämlich, wie er sich die Mittel für den Bau von Eisenbahnen, von Häftlingsanstalten oder für Kriege beschafft, also durch Steuern, Staatsanleihen und dergleichen.

Die Zahl der notleidenden Menschen war infolge der kapitalistischen Wirtschaftskrise enorm.

Die Gefahr eines Mißbrauchs der staatlichen Sozialfürsorge durch einzelne Personen sei jedoch verglichen mit dem Nutzen gering, argumentiert die Autorin.

Die Sprache der Streitschriften ist nüchtern, sachlich und frei von jeglichem Augenzwinkern, anders als die ihrer Verse.

1886 wurde das Drama »Jahel« veröffentlicht, bald danach erschien eine Denkschrift gegen die Vivisektion und zwei Jahre später das Lustspiel »Der faule Fleck im Staate Dänemark oder Eine lustige Hochzeit«.

1892 veröffentlichte sie eine historische Novelle mit dem Titel »Miss Maria Brown« und 1896 die Novelle »In der Goldenen Gans«, benannt nach dem Gasthof in Breslau, in dem sie abzusteigen pflegte.

Fast alle Bücher und Denkschriften der Kempner erreichten mehr als eine Auflage.

Am erfolgreichsten aber waren die Gedichte, von denen 1903 die 8. Auflage erschien, selbstverständlich um »Neue Gedichte« vermehrt.

Das Vorwort dazu ist ungewöhnlich bitter. Die Autorin hatte in den neun Jahren, welche zwischen dem Erscheinen der 7. und der 8. Auflage vergangen waren, sicher nicht mehr Kränkungen erfahren als zuvor. Nur muß sie erkannt haben, daß ihr erklärtes Ziel der »Verwirklichung des Ideals in Sachen Humanität« ständig in die Ferne gerückt, unerreichbar wurde: »Es war eine böse, widerwärtige Zeit und die Überzeugung der Verfasserin von der Vortrefflichkeit der menschlichen Natur an und für sich, welche sie in ihrem ›Büchlein von der Menschheit‹ ausgesprochen, hatte so manchen Stoß erlitten. Das war nicht die Welt, die sie im Rahmen ihrer Mutter gesehen und träumen lernte . . .«

Abschließend verspricht sie, zwischen der gegenwärtigen und der nächsten Auflage werde nicht so viel Zeit vergehen.

Im Februar 1904 starb Friederike Kempner, 67 Jahre alt. Sie wurde auf dem Gemeindefriedhof von Reichthal in Schlesien beigesetzt.

Die intellektuelle Welt ulkte, sie habe testamentarisch festgelegt, man solle ihr bei ihrem Tode eine Klingelleitung in den Sarg legen, für den Fall, daß sie nur scheintot sei. Der Klingelknopf im Sarg macht keinen Sinn, es gab ja inzwischen Leichenhäuser und Fristen für eine Aufbahrung. Dafür hat nicht zuletzt die teure Verblichene gesorgt.

Ihre Dichtung aber lebte fort, ungeachtet allen Spotts und aller bösartigen Angriffe.

Da die größten Teile der Auflagen der Vernichtung durch die Familie zum Opfer gefallen waren, gehörten die Gedichte der Kempner bald nach ihrem Tod zu den Rara der Antiquariate, meist mit Buchhändler-Anmerkungen wie »Curiosum! Gesucht!!!« versehen.

Ihre Verse wurden abgeschrieben, herumgereicht, man las sie abends vor. Bände, die in den Handel gelangten, blieben von den Besitzern sorgsam behütete Schätze. Margot Krohn berichtet: »Ich könnte noch heute im Dunkeln die Stelle finden, an der das Buch in meines Vaters Arbeitszimmer in unserem oberschlesischen Heimatstädtchen stand.«

Die Wirkung der Kempnerschen Dichtung beschäftigte den in Breslau geborenen Alfred Kempner. Schon auf dem Gymnasium hatte er beschlossen, Schriftsteller zu werden. Weil aber der Name Kempner »nun für einen Schreibenden unmöglich geworden war«, beantragte er 1911, seinen Namen nach bürgerlichem Recht in Kerr umwandeln zu dürfen; unter diesem Pseudonym war er bereits als Kritiker bekannt geworden. Das preußische Innenministerium akzeptierte den angeführten Grund — nämlich Friederike Kempner — und erteilte die Genehmigung zur Namensänderung im gleichen Jahr.

Was Kerr in Berlin schrieb und wie er es schrieb, mochte der in Wien residierende Schriftsteller und Herausgeber der Zeitschrift »Die Fackel«, Karl Kraus, überhaupt nicht. Bereits vor dem Ersten Weltkrieg, wohl bald nachdem die offizielle Namensänderung bekannt geworden war, polemisierte Kraus: »Ich möchte Herrn Kerr den Rat geben, sein Geschrei zu verstärken und auch noch denjenigen einen Halunken zu nennen, der ihn beschuldigt . . ., seine Tante Friederike Kempner geschlachtet zu haben.«

Das war beileibe kein Vorwurf strafrechtlicher Art. Wenn in literarischen Fehden jener Jahre, was oft und gern geschah, eine Mordbeschuldigung erhoben wurde, war das stets im Sinne von Rufmord gemeint.

Jahre später, 1928, wurde in Berlin Bert Brechts »Dreigroschenoper« aufgeführt. Kerr saß im Parkett und kritisierte blasiert. Er mochte Brecht nicht.

Neun Monate danach erschien die »Dreigroschenoper« als Buch. Da entdeckte Kerr, daß der Übersetzer der von Brecht verwendeten Villon-Verse nicht verzeichnet war. Ammer war sein Name. Brecht sei ein Plagiator, da sehe man es, schrieb Kerr.

Brecht dazu: »Ich erkläre wahrheitsgemäß, daß ich die Erwähnung des Namens Ammer leider vergessen habe. Das wiederum erkläre ich mit meiner grundsätzlichen Laxheit in Fragen geistigen Eigentums.«

Karl Kraus gab Brecht sogleich recht.

Daraufhin schrieb Kerr: »Nur wer von Fremden lebt, lebt angenehm . . .«

Brecht erwiderte, die unfreiwillige Komik des Herrn Kerr sei wohl ein Erbteil seiner Tante Friederike Kempner.

Als Antwort reimte Kerr:

»Wenn dem Esel sonst nichts einfällt,
Fällt ihm meine Tante ein.«

Seither, und noch bis ins Jahr 1980 hinein — in der Taschenbuch-Ausgabe des Friederike-Kempner-Verschnitts von Mostar — blieb Kerr der Neffe. So steht's auch im »Großen Herder« von 1954.

Kerr hat es immer wieder, manchmal fast hysterisch, aus der Welt zu schaffen gesucht: »Sie war meine Tante nicht. Sie waaar es nichttt!!!«, lautet ein Aufschrei in seinen biographischen Aufzeichnungen.

Er versuchte es gereimt zu dementieren:

»Gute Tante schlummre selig,
Gute Tante schlummre brav.

Leider Gottes scheuchen schmählich
Meine Gegner dir den Schlaf.

(Trag's! Ob auch der unverwandte
Schmerz an deiner Seele frißt:
Daß du, meine tote Tante,
Gar nicht meine Tante bist.)«

Es nutzte ihm nichts. Man ließ den letzten Vers einfach weg
und führte den ersten als sicheren Beweis für die Verwandt-
schaft an. Schließlich hieß er ja doch ursprünglich Kempner,
oder?

Kerr konnte darauf verweisen, daß seine Familie eine ur-
alte Breslauer Familie von Weinhändlern sei und mit den
Kempners der Dichterin in keiner Weise verwandt oder ver-
schwägert. Er teilte mit, als Fünfzehnjähriger habe er ihr mal
gereimt nach Reichthal geschrieben und auch einen Antwort-
brief erhalten, welcher mit dem Satz endete: ». . . wobei ich
mich sehr freuen würde, Sie kennenzulernen. Danke, ergebene
Friederike Kempner, z. Z. Breslau, Hotel zur Goldenen Gans.«

Ja, schon damals habe er ihr angekündigt, daß er Schrift-
steller werden wolle, und Frau Kempner habe geantwortet:
»Es erfreut mich herzlich, daß Sie die dornenvolle Bahn des
Ruhms wählen wollen. Glück auf!« Schreibe so eine Tante
ihrem Neffen? Wohl nicht.

Die »Rache der Dialektik«, wie der Literaturkritiker Her-
mann Kähler es einmal formulierte, besteht nun aber darin, daß
gerade durch diese Namensänderung, »der Name jener Friede-
rike Kempner doch in die Ewigkeit der Literaturgeschichte ein-
gegangen ist« und — immer neben dem Kerrs genannt wird.

Eines aber zeigte sich noch zwei Jahrzehnte nach ihrem
Tod, daß man sie als Wurfgeschoß in literarischen Fehden be-
nutzen konnte und daß der Getroffene gebührend Wirkung
zeigte. Es ist eine Praxis, die übrigens noch heute üblich
ist.

Dabei waren ihre Gedichte keineswegs auf dem Markt. Die
Familie hatte nach dem Tode jede weitere Veröffentlichung
unterbunden. Erst 1931 erschien dann zu besagtem »Leipziger
Bibliophilen-Abend« in 200 Exemplaren der Nachdruck der

ersten Ausgabe. In der bald darauf anbrechenden Nazizeit durften die Werke jüdischer Autoren nicht mehr erscheinen. Damit, könnte man meinen, sei das Schicksal des Kempnerschen Werkes besiegelt gewesen.

Mitnichten. Im Jahre 1953 brachte die Heidenheimer Verlagsanstalt unter dem Titel »Der schlesische Schwan« jene Auswahl von Kempner-Gedichten heraus, die Gerhart Herrmann Mostar besorgt hatte. Ab 1965 wurde sie — samt allen »Mostarisierungen« — vom Deutschen Taschenbuch-Verlag (8. Auflage 1980: 87. bis 92. Tausend) übernommen.

1956 dann erschien eine Auswahl der Gedichte, herausgegeben von Walter Meckauer, im Verlag Pohl & Co., München, mit dem Titel »Die Nachtigall im Tintenfaß«, 1964 sämtliche Gedichte unter Berufung auf Witkowski im Carl Schünemann Verlag Bremen, Sammlung Dieterich und 1971 eine von Horst Drescher herausgegebene Auswahl »Das Leben ist ein Gedichte« bei Reclam in Leipzig. Schwan und Nachtigall sind heute ebenso gesucht wie Originale.

Als der vorliegende Band zusammengestellt wurde, fanden sich Gedichte beziehungsweise Verse, die in keinem Originalband der Kempner enthalten sind. (Die Herausgeber des vorliegenden Bandes bezeichneten das scherzhaft mit dem Thriller-Titel »The Case of the Missing Poems".)

Gemeint sind Zeilen wie folgende, die beispielsweise von Mostar zitiert und gar analysiert wurden. Über sich selbst:

> »Nicht enthaltet dieses Erbe
> Euren Nachekommen vor!«

Oder über Schillers Wallenstein:

> »O Wallenstein, du eigner Held,
> Bewundert viel, begeifert von der Welt,
> Im Tode doch blüht dir ein Glück:
> Von Schillers Hand das hübsche Stück!«

Klingt auf den ersten Blick nach Friederike Kempner, ist es aber nicht. Der Band von Meckauer enthüllt die Quelle. Er hat es aus einem Bändchen Gedichte, das im Jahre 1891

271

im Verlag Richard Eckstein Nachfolger (Hammer & Runge) Berlin erschienen ist. Der Titel lautet »Dämon, Mensch und Dichter«.

Dieses Büchlein ist anonym erschienen. Es enthält keinen Autorennamen, sondern gibt als Urheber nur an, es handele sich hier um »Gedichte der schlesischen Nachtigall«, wer immer das ist.

Als schlesische Nachtigall hatte sich Frau Kempner selbst nie bezeichnet. Wenn sie etwas von sich drucken ließ, scheute sie sich nicht, ihren Namen dazu zu setzen. Außerdem: 1891 erschien die 6. Auflage ihrer Gedichte, weshalb dann zusätzliche, anonym veröffentlichte Verse?

Nun, Kempner-Gedichte waren damals schon rar, die Familie kaufte ja heimlich auf, kaum ein Band gelangte in die Buchläden. Wenn man nun ein Bändchen mit Gedichten herausbrachte, von denen der Käufer annehmen konnte oder sollte, es seien Kempner-Originale, dann müßte es doch mit dem Teufel zugehn, wenn nicht das Geld im Kasten klimperte.

Genau so ein Bändchen ist »Dämon, Mensch und Dichter«, von Meckauer 1956 als literarische Entdeckung gepriesen. Es enthält alle Verse, welche den Herausgebern als »missing poems« Sorgen gemacht hatten, die »Nachekommen« ebenso wie den Wallenstein und einige mehr.

Meckauers Band enthält jedoch auch Originalgedichte der Kempner, vom Herausgeber vermutlich unter die parodierenden Stückchen gemischt.

Was damit vorgelegt wurde ist im Kern wohl eine jener verhöhnenden, verunglimpfenden Parodien, die ihr zu Lebzeiten so viel Kummer gemacht hatten.

Die Literaturhistoriker waren behutsamer als Meckauer — der Band erscheint in keinem Werkverzeichnis.

Für alle blieb die Dichterin bis heute so etwas wie eine versponnene, altjüngferliche Ulknudel, ein Genie der unfreiwilligen Komik, etwas abseits, aber sehr liebenswürdig.

Es ist an der Zeit, sie gerechter zu beurteilen, zu berücksichtigen, wann sie lebte, unter welchen Umständen ihre Gedichte erschienen und wie diese gewirkt haben.

Gewiß, im zweiten Drittel des 19. Jahrhunderts gab es wütende Judenprogrome in Rußland, Österreich, Rumänien,

Ungarn, es gab starke antijüdische Tendenzen in Frankreich, England und den USA. Aber nur in Deutschland gab es einen pseudowissenschaftlich begründeten, biologischen Antisemitismus, der folgerichtig und ungebrochen hinführte zu den Vernichtungslagern der Nazizeit. Schließlich sind Begriff und Wort eine urdeutsche Erfindung gewesen.

Das verwirrt wohl bis heute manchen Blick und manches Menschen Sinn für Gerechtigkeit.

Zum Schluß die Dichterin.

>>Der Lorbeer sprießt!
Sei mir gegrüßt,
Du liebes Blatt!
Erkoren bist
Was edel ist
Zu krönen Du!

Der Böse haßt,
Das Laster praßt,
Der Dichter denkt —

Im Raume schenkt,
Im Traume senkt
Dies Blatt sich seinem Haupte!<<

Alle, die an diesem Band beteiligt waren, überreichen hiermit die erträumten Zweige.

Hamburg, im November 1987

Nick Barkow

# Alphabetisches Verzeichnis
## der Gedichte

276

# Zu dieser Ausgabe

Text und Anordnung der Gedichte folgen der 8. Auflage der »Gedichte« von 1903. Die Fußnoten sind Anmerkungen der Autorin, alle Zusätze der Herausgeber sind durch eckige Klammern gekennzeichnet beziehungsweise kursiv gesetzt.

# Inhalt

# Wie die Neuberin den Deutschen ein Theater schuf

Janine Strahl-Oesterreich
**Eine Frau macht Theater.**
**Das Leben der Caroline Neuber**

1 CD, ca. 60 Minuten, Jewel Case
ISBN 978-3-359-01134-7 | € 12,95

Janine Strahl-Oesterreich zeichnet mit biografischen Anekdoten und Originalzitaten ein facettenreiches Porträt der großen Schauspielerin und Prinzipalin.

www.eulenspiegel-verlag.de

# Die Komödie der Menschwerdung

Peter Hacks
**Adam und Eva**
Hrsg. von Kai Köhler
Kommentierte Werke in Einzelausgaben

112 Seiten, broschiert
ISBN 978-3-359-02518-4 | 7,95 €

In »Adam und Eva« wendet Hacks die biblische Paradies-
geschichte in eine formvollendete Komödie und entwirft
sie als Urszene menschlicher Emanzipation. Ein heiter-
ironisches Plädoyer für die Freiheit des Menschen.

www.aurora-verlag-berlin.de

# Historie und Poesie

Peter Hacks
**Margarete in Aix**
Hrsg. von Kai Köhler
Kommentierte Werke in Einzelausgaben

128 Seiten, broschiert
ISBN 978-3-359-02504-7 | 7,95 €

»Die Frage ist: wie ist das abstrakte Reich der Kunst politisch konkretisierbar?« So benennt Peter Hacks selbst die Grundidee seiner Komödie – und damit einen zentralen Aspekt seines Schaffens überhaupt.

www.aurora-verlag-berlin.de

ISBN 978-3-359-02324-1

Reprint der 1989 bei Rütten & Loening erschienenen Ausgabe.
Mit freundlicher Genehmigung der
Aufbau Verlag GmbH & Co. KG, Berlin.

© 2011 Eulenspiegel Verlag, Berlin
Umschlaggestaltung: Verlag
Druck und Bindung: CPI Moravia Books GmbH

Ein Verlagsverzeichnis schicken wir Ihnen gern:
Eulenspiegel · Das Neue Berlin Verlagsgesellschaft mbH & Co. KG
Neue Grünstr. 18, 10179 Berlin
Tel. 01805/30 99 99
(0,14/Min., Mobil max. 0,42/Min.)

Die Bücher des Eulenspiegel Verlags erscheinen
in der Eulenspiegel Verlagsgruppe.

www.eulenspiegel-verlag.de